# aramyz

coleção Burguês Assustado

**HECATOMBE**
dezembro de 2021

# SÓ AS HIENAS MATAM SOR-RINDO

**HECATOMBE**

rua do caju, 478
jardim das cerejeiras
cotia — sp
06724-015

[55] 19 9 82411532

sumário

para o
José Jakson Ferreira

para meus mestres
Lucas Mayer, Marcelino Freire, Marcos Gomes, Mário Bortolotto

aos amigos e cúmplices que a vida me deu
Adriana Gualberto, Alex Augusto Rocha Carvalho, Anderson Honório Bispo, Antonio Peyri, Arinha Rocha, Denise Antunes Cardoso de Mendonça Souza, Felipe Candalaft, Fernanda Rocha, Flávio Moura, Henrique Wagner, Igor Bezerra de Andrade, Jardel Teixeira, Maria Basilio, Michael Augusto, Nilce Regina Gomes, Nivaldo Aparecido de Souza, Noah Ariel, Patricia Silva Gallerani Cuter, Paulo Palado, Pedro Pelegrino, Sandra Vilchez, Waldir Caño Bona e Zeca Moreira

## justiça

sabe o terêncio? aquele do narigão que dizia que era descendente de turco? três semanas na rua e já morreu, parece que foi fazer um sequestro e a polícia matou. nunca me enganou, aquele pilantra! veio com aquele papinho que só fazia tráfico, e que era coisa pouca, que foi forjado... forjado, o caralho! nunca me enganou... o olho dele não tinha brilho, era opaco, sempre soube que era do crime; enganava uns e outros, mas eu não... só de olhar essas desovas, eu já adivinho a história, meu olho tá treinado. olha, o sete boias, fiquei com dó quando chegou: cara de mendigo sofrido, fala mansa, cara de coitadinho... mas o b.o. é feio: espancou a mãe do filho dele quando ela estava grávida! isso é lixo!...o pereba?! porra, tenho raiva de olhar pra cara desse vagabundo! fico imaginando a vó fatiada sendo enterrada aos pedaços no quintal da própria casa... matou e fatiou a coitada, porque não deu dinheiro pra ele usar droga! vai morrer quando sair. cada um que sai e morre é um mal a menos; um vagabundo a menos... toda noite eu ponho meu joelho no chão e oro, peço a Deus pela mira dos policiais! essas porra têm que morrer mesmo, um por um! pior é que essas miséria volta tudo pra cá pra dar trabalho pra nós e despesa pro Estado... morto pelo menos alimenta os bichos e aduba a terra. eu fico olhando pra essas porras e só penso em quanto dinheiro o governo gasta com essas desgraça. falam que recupera, recupera nada! estrutura mais no crime. nessas horas, paro de acreditar no ser humano... penso no sofrimento da sua mulher, mãe de família, distinta, trabalhadeira, que vai no médico, fica horas na fila de espera, e nunca é atendida. se fosse um vagabundo desses, ia ter prioridade... pode ver, quando a gente leva esses vermes pro médico... passa tudo na frente! agora eu, você, um monte de pai de família, gente honesta, nenhum de nós tem direito. os direitos são só pra vagabundo. claro, está sob a tutela do Estado, tem prioridade... invenção desses maconheiro dos direitos humanos. lembra a última rebelião? veio uma dessazinhas dos direitos humanos, nem gosto de lembrar... os vagabundo tinham acabado com um coitado que estava defendendo o pão da família: arrebentaram na porrada, deixaram um trabalhador todo fodido, a gente tirou o coitado e colocou no corredor, todo ensanguentado... aí a filha da puta entrou tinindo no salto alto! o trabalhador todo ensanguentado no chão, esperando socorro; a cadela olhou e fez de conta que era um saco de lixo que estava ali... não se importou, perguntou é se algum vagabundo tinha se machucado! me dá ódio quando chamam esses vagabundos de vítima da sociedade! vagabundo tem valor, pai de família, não. queria ver se um vagabundo desses estuprasse ela, se ela ia continuar defendendo... queria mesmo! queria ver se ela ia continuar defendendo essa raça ruim. sei lá... capaz até de continuar... estudam nas faculdade do governo que o pai de família paga, mas na hora que precisa, só defende ladrão, cambada de inútil... olha esses vagabundos... esses lixos tinham que ter função na vida...pois é, mas não têm! acho impossível uma pessoa nascer e viver só pra isso, só pra foder a vida do próximo, eles não têm jeito, a vida deles é essa merda que a gente tá vendo: sai daqui, volta a roubar e volta pra cá; sai de novo e voltam, parece que se apega à cadeia?...e nós pagando hotel pra eles, gasto de dinheiro público, desvio de verba... o pior é que, quando a polícia mata uma porra dessas, ainda responde processo. tenho um amigo policial que foi expulso da corporação, se fodeu, e como se não bastasse ainda, está respondendo processo, e sabe por quê? porque matou um vagabundo desses que tentou assaltar ele; ou seja, o cidadão de bem não pode nem se defender... essa porra só vai mudar quando aprovar a excludência de licitude!... aí eu quero ver esses vagabundos dos direitos humanos, esses padre, esses pastor falar alguma coisa... tem que pôr fogo nesses imundo que defende bandido! pra mim é tudo igual: quem defende bandido é bandido também! bandido não tem que ter direito, tem que ter bala! tinha que jogar uma bomba e matar tudo! colocar essas merdas num navio negreiro e afundar em alto mar! o problema depois é comer os peixes que se alimentaram dessas merdas... nenhum aí tem salvação. tinham que ter utilidade: salvar vida de gente decente, pai de família, gente como eu, como você, como a sua esposa, senhora distinta, mãe de família, trabalhadeira, serva de Deus... você já pensou que o rim que a sua esposa está esperando tá aí? é, nessas horas a gente pensa em fazer justiça, porque não adianta esperar cair do céu: Deus não faz justiça, Deus não é justo... eu tenho um amigo médico, ele concorda comigo; eu sei que é errado e que você nunca vai concordar comigo... mas eu tenho uma ideia. olha só, pensa comigo: o Estado cuida desses lixo, usa nosso dinheiro pra isso... se usa o nosso dinheiro, isso tudo é nosso! inclusive esses vagabundos são nossos! e se são nossos, a gente tinha que dar utilidade pra eles... é nosso direito! outro dia eu ouvi você falando que, se um lixo desses fizesse mal pra sua família, você ia atrás e matava; que não ia esperar justiça, porque a justiça nesse país não funciona e o escambau. então faz justiça, meu amigo!... faz justiça pra sua mulher, pra um monte de pai de família, faz justiça!... eu tenho esse amigo médico, cara ponta firme; estudou a vida toda, fez medicina pra salvar a humanidade, pra cuidar do próximo, é a função dele cuidar do próximo; a gente cuida também, do nosso jeito, mas a gente cuida... olha sua mulher doente!? tenho admiração pela sua mulher; tenho mesmo! vejo ela precisando de um rim... outro dia quase chorei quando você mostrou a foto dos braços dela, todo judiado por causa da hemodiálise... eu juro, se fosse a minha senhora, um filho meu, eu ia fazer alguma coisa! ia, ia mesmo! e é por isso que estou falando com você: eu quero ajudar a sua senhora! esse meu amigo médico também quer ajudar, mas você tem que querer... veja só: toda hora sai vagabundo, indulto de natal, dia das mães, dia dos pais, liberdade que canta, e esses vermes vão pra onde? albergue, mocó, a maioria não tem família, e, mesmo quando tem família, a própria família não quer. esses lixos vão fazer o quê? roubar, matar, acabar com a vida do cidadão de bem. servem pra quê? nada! vão ser inseridos na sociedade? não, são desvio de verba... a minha e a sua verba, a verba da sociedade; esses vagabundo consome tudo que a gente paga de imposto, e quando a gente fica doente, fica esperando, enquanto eles têm prioridade, o Estado defende, as leis defende, essezinhos dos direitos humanos, que fazem as faculdades que a gente paga, defende; tem até jornalista que defende. e a gente que é pai de família, quem defende? ninguém defende! a gente não tem direito, os direitos são dos manos, direitos dos manos. mas a gente pode fazer alguma coisa: nós, eu, você, meu amigo médico, e, quem sabe no futuro, mais gente com consciência tem a mesma ideia e vê pra que eles servem. pensa em quantos fígados, quantos corações, quantas córneas perdidas. tudo perdido... o rim que a sua esposa, mãe dos seus filhos precisa, está aí! o fígado, o coração, as córneas que um monte de pai de família precisa, está aí! tudo perdido no corpo desses vagabundos! só falei pra você pensar... só pra pensar. pensa e depois a gente conversa; eu sou teu amigo, quero te ajudar, só isso... no futuro isso pode virar um negócio. você fala tanto em bondade, isso é bondade! a gente vai ajudar muita gente com nosso gesto. não vai ter sofrimento pro vagabundo, vai ter um médico que estudou, cuidando... nada de mal ou fora da lei vai ser feito; o meu amigo médico é um cara decente que preza pelo ser humano, pelo bem do ser humano. eu podia chamar qualquer um pra fazer isso comigo... mas fiquei pensando na coitada da sua esposa, senhora decente, distinta, trabalhadeira, mãe de família... penso que estou fazendo justiça pra ela e pra um monte de gente! pensa nisso, pensa só nisso, justiça! justiça, meu amigo. justiça...

## filadumaputa

a senhora tem religião? num perguntei, mas devia de ter perguntado. Deus mesmo, não se sente Deus. deve ter raiva da perturbação desse monte de gente enchendo o saco Dele pra pedir coisa; isso quando não faz santo de menino de recado... mas a filadumaputa da juíza se sente Deus! quero ver se fosse branco e cheiroso, num prendia, prendia nada, ia ficar com medo. eu vi o ódio na cara dela... só peço a Deus pra fazê justiça e fodê muito a vida daquela filadumaputa! o menino é inocente, todo mundo faz merda nessa idade... ela tem cara de que comeu do bom e do melhor a vida toda; assim fica fácil julgá e condená. o menino tá arrependido, eu falei, implorei... eu sou pai, o menino tava falando a verdade; eu perdi um dia de serviço pra ir lá, e ela ainda veio com a história de família ausente. ausente do quê? num bebo, num fumo, num durmo fora de casa, num dou mau exemplo... uma hora ou outra a gente faz uma coisa errada, todo mundo faz. o menino chorava de saí lágrima, até me abraçô, pediu, implorô, mas a filadumaputa tem uma pedra no lugá do coração! aquilo num tem mãe; aquilo nasceu de chocadeira, o menino errô, eu falei pra ela:

"eu sei que ele errou, mas a culpa é da mãe... a mãe inventou de trabalhá fora, mas só por uns tempo, só pra gente ajeitá a vida, fazê mais um cômodo e pôr laje na casa. aí o menino começou andá com esses amigo dele que num presta, que é tudo mau companhia..."

eu já tive a idade dele, sei como que é. por mim eu batia de saí sangue, mas se a gente vai batê todo mundo já qué se metê... eu, por mim, descia o braço lá mesmo pra ela vê que eu sou um bom pai; mas aí ela veio se metê de novo, com aquela porra de "violência num resolve...". num resolve, o caraio! o que ela fez também é violência: tirá o menino da mãe, também é violência; nunca foi mãe, aquela filha duma égua!... a mãe tá que num se aguenta, diz que vai separá de mim; eu já tomei umas cachaça e dei uns solavanco nela pra pará de enchê o saco. a culpa é dela com essa patifaria de trabalhá fora... maldita hora que eu deixei! agora tomô gosto e veio com essa onda de tê o próprio dinheiro... como se mulher precisasse de próprio dinheiro... a obrigação dela é cuidá da casa e dos filho; ela e essa juíza podia dá as mão, tudo igual. o menino só quis o melhor: quis mudar de vida! quem num qué? eu quero, o menino qué, todo mundo qué... até a juíza qué! o menino vê os amigo dele que num presta com tênis bonito: qué igual... num pode comprá, num entende que num pode, porque a mente dele é fraca. a mente dele ainda num tá formada, nessa idade a pessoa ainda não tem mente... aí, vê o tênis que qué dando sopa! o tênis que ele qué, tá em outro pé. tá no pé do desgraçado do playboy que tem tudo; o desgraçado do playboy que tem tudo tá passando perto dele com o tênis que ele qué; tá ali perto dele e dos amigo dele que num presta; o desgraçado do playboy que tem tudo é a porra de um mauricinho que nunca passou uma dificuldade, que nunca teve uma necessidade... o desgraçado do playboy que tem tudo tá ali se amostrando... os amigo dele que num presta dá mau errado, os amigo dele que num presta fala:

“pega o tênis, pega o tênis do desgraçado do playboy que tem tudo! pega, nóis ajuda você!...”

o menino qué mudá de vida, olha pro próprio pé e vê um tênis sujo, surrado, barato; sabe que eu não posso comprá um tênis bom pra ele; que me sacrifico pra dá de comê pros irmão dele. eu acordo cedo, nem vejo meus filho direito, faz uns dias que eu nem via ele; eu quase nem reconheci, num sabia que tinha crescido tanto, só conheci porque me abraçô e me chamou de pai; esses menino de hoje cresce rápido... o menino vê as dificuldade, mas qué coisa boa; qué um tênis bonito, qué um tênis igual o dos amigo, qué um tênis igual o tênis do desgraçado do playboy que tem tudo. ouve os amigo dele que num presta, que é tudo mau companhia... e pede o tênis pro playboy desgraçado que tem tudo; pede com educação, pede por favor... o desgraçado do playboy que tem tudo num qué dá a porcaria do tênis; os amigo dele que num presta e num é boa coisa usa de violência com o desgraçado do playboy que tem tudo. eu acho errado, eu falei pra ele que achei errado:

“não precisava usá de violência, só segurava e tirava o tênis...”

eu também tenho vontade de usá de violência com um monte de gente: eu tenho vontade de acabar com a raça dos meus vizinho, esfaqueá patrão folgado; já tive vontade até de estrangulá meus filho, mas nunca usei de violência... já joguei água fervendo no cachorro; mas joguei pra dá exemplo, batê mesmo de deixar matoma, nunca! bato na mãe deles, mas neles, não. num pode, é a lei; a gente num pode mais batê... a minha vontade era de dá uns tapa lá mesmo pra infeliz filadumaputa vê que eu sei educá! mas ela veio com aquele papinho de violência num resolve... num resolve pra ela, que é rica! que se besunta de perfume cheroso, usa roupa boa... fiquei com tanto ódio que, se eu pudesse, eu matava aquela miserávi igual se mata uma galinha: cortava o pescoço e deixava escorrê o sangue só pra vê aquela carniceira se debatê! ela já teve a idade dele, sabe como os jovem é rebelde, têm vontade própria; os jovem de hoje nasce sem mente, mas nasce tudo com vontade própria! num é que nem nóis, que nascia sem querê e sem vontade... mas com a juíza, não tem perdão. ela se acha melhó que Deus! aí, veio com uma história que o menino matou o rapaz:

"o senhor sabia que seu filho se sente Deus, tirando a vida do próximo?"

eu num sei de nada, faz uns dias que eu num vejo meu filho. ele nem tava com arma, quem tava era os amigo dele que num presta; que dá mau exemplo; tudo mau companhia, mas ninguém mata ninguém, dotora, quem mata é Deus. os amigo dele que num presta pode num valer nada, mas num têm esse poder. os amigo dele que num presta só puxaram o gatilho porque o desgraçado do playboy que tem tudo se recusô a dá a merda de um tênis; a porra de um celular; a porcaria de um relógio; o caraio da chave de um carro... o desgraçado do playboy que tem tudo é apegado aos bem material; acha que vai levá essas coisa no caixão quando morrê...

"o seu filho foi piloto de fuga..."

nessa hora eu fiquei com vontade de mandá a filadumaputa pra casa do caraio! meu menino num é piloto de nada, num sabe dirigir.

"olha, dotora, se Deus quisesse, o desgraçado do playboy que tem tudo num tinha morrido. só morreu porque era a hora dele, porque Deus quis. nem meu filho nem os amigo dele que num presta fizero isso, quem mata é Deus."

meu filho é inocente, até chorô... chorô de saí lágrima, ela viu, todo mundo viu... as pessoa faz coisa pior, muito mais pior... faz e faz e faz de novo e num acontece nada, a gente vê na televisão, todo dia passa, eu vejo, coisa feia, coisa bem feia, agora meu filho, meu filho não... meu filho num pode, os outro pode, meu filho não. os animal mesmo, animal faz coisa pior e as pessoa acha bonito, as pessoa ri, as pessoa fala que ele precisa daquilo pra vivê... vê as hiena... as hiena mesmo mata rindo e ninguém fala nada... hiena pode, hiena mata pra vivê, agora meu filho... meu filho não... meu filho chorô... meu filho chorô de saí lágrima, lágrima de verdade, ele tava falando a verdade com o choro dele, tava, todo mundo viu as lágrima dele, lágrima sintida, lágrima mesmo... eu confio no meu filho... a culpa é do desgraçado do playboy que tem tudo, que fica usando essas coisa pra se aparecer; do pai do desgraçado do playboy que tem tudo, que educô o filho errado; que num colocô limite, que num bateu, que deu tudo que o desgraçado queria... a culpa é do pai, num se pode dá tudo, isso é criá errado. eu dô o que eu posso, eu faço o que tá dentro das minha condição, até faltei no serviço hoje, tô aqui... sou bom pai, minha mulher é boa mãe, trabalha fora mais é boa mãe, ela tá que num se cabe de tanta dô e arrependimento de trabalhá fora, mais é boa mãe... comigo esse moleque num aprendeu essas coisa, que eu sou trabalhador e nunca peguei nada de ninguém... a gente pega o normal, o que todo mundo pega: um pouquinho de tinta aqui, um rejunte ali, coisa que não vai fazer falta; todo mundo faz isso, mas nunca dei mau exemplo, eu sou trabalhadô, eu sou bom pai... o menino tava arrependido, chorô de saí lágrima, deu dó, minha mulher também chorô, eu mesmo quase chorei, mas a filadumaputa num se comoveu! aquilo num é gente! olhava meu menino com ódio nos olho, uma cara de bicho. o menino tava sofrido, deve ter apanhado dos polícia, mas eu, eu que sou pai, a filadumaputa num deixou batê pra educá!... pra mostrá que sou bom pai, o coitadinho me abraçava pedindo perdão:

"perdão, pai! perdão, pai!!

ódio, daquela filadumaputa! a minha vontade era pular no pescoço dela e esganá ali mesmo!... eu vi o ódio na cara dela, eu vi! minha vontade era grudá ela ali mesmo, acabá com a vida dela... só num fiz isso porque num gosto de violência. vou deixá na mão de Deus... Deus é bom, Deus é justo, Deus vai fodê a vida daquela filadumaputa! Deus vai fodê muito a vida dela! eu tenho fé...

## tô super bem

vou precisar de uma declaração de horas, não gosto de entregar atestado, prefiro trabalhar, tenho agonia de ficar em casa. no trabalho, fico seguro, me sinto seguro lá.

tô super bem, doutora, fiquei muito melhor depois dos remédios.

a psiquiatra falou que não estou bem, eu falei que estava, ela gritou e disse que eu não estava, eu estou bem, sei que estou, mas, se ela acha que não estou, tudo bem, não estou.

não brigo com ninguém, não gosto de confusão.

os remédios que ela passou me deram muita tranquilidade, as pessoas estão me elogiando, falam que estou mais tranquilo, estou mesmo. estou mais tranquilo.

sinto que estou perdendo um pouco a memória, ando esquecendo coisas que eu lembrava com detalhes. fico com muito sono, durmo bastante, eu falei pra ela na ultima consulta, falei que estava com cansaço, tontura e um pouco de dor de cabeça. ela disse que é normal. eu sei que não é normal, mas, se ela falou que é normal, é normal.

o sono me preocupa, não gosto de chegar atrasado no trabalho, então às vezes nem durmo, fico acordado a noite inteira pra não perder a hora. não sei se é a fluoxetina, o rivotril ou o lítio, um deles esta fazendo isso, ou todos. o que importa é que estou mais tranquilo.

a quetiapina parou de fazer efeito, mas continuo tomando, fico muito preocupado em acordar, quando fico preocupado, a quetiapina falha.

às vezes troco o horário deles, o lítio é à noite, tenho que tomar antes de dormir, o lítio é junto com a quetiapina.

estou meio confuso hoje, mas estou bem, estou super bem.

mas é isso, a quetiapina e o lítio tomo antes de dormir, a fluoxetina é quando acordo, dois comprimidos quando acordo, o rivotril é sublingual, uso durante o dia.

na bula do lítio está escrito que é pra transtorno de personalidade, bipolaridade e distúrbio de humor, eu não tenho nada disso, sei que não, mas tudo bem, o importante é tomar, estou tomando.

se eu não fizer o tratamento direito, se eu não tomar os remédios e ficar tranquilo, ela disse que vai me internar, não quero ficar internado, minha mãe ficou internada, ela mijava na roupa, eu não quero me mijar.

não gosto de ficar em casa, mas, entre ficar internado e ficar em casa, prefiro ficar em casa.

a psiquiatra falou que eu tenho que olhar pra cara dela enquanto converso, continuo não conseguindo muito olhar pra cara das pessoas, nunca gostei, sou assim desde que era criança, também não gosto de abraçar ninguém. não entendo essa mania que as pessoas têm de querer abraçar e beijar. minha mãe mandava eu beijar o rosto dela depois que me batia, ela dizia que era pra não alimentar raiva, então eu beijava. meu pai nunca me abraçou, nunca me beijou, ele também não gostava, nos dias que ficava em casa, ficava olhando pra uma parede lá de casa o dia inteiro, acho que ele ficava olhando e pensando qual a próxima cor que ele ia pintar, meu pai nunca estava satisfeito, vivia trocando a cor da parede, trocava em silêncio, nunca falava nada, quando a gente acordava, a cor da parede era outra, era sempre assim, tudo em silêncio. a ordem lá em casa era ficar em silêncio.

eu não gosto mesmo de falar, quase nunca falo, falo aqui, só aqui.

a senhora grava nossas conversas?

não? melhor assim.

minha mãe? minha mãe também falava pouco, ela e o meu pai nunca se falavam, eu mesmo nunca vi os dois falando. ela não gostava muito de barulhos, ele também não, por isso ficavam em silêncio, a gente sempre assistia à TV sem som lá em casa, também ouvia música sem som.

lá em casa, até o prego que martelava os pregos das paredes era silencioso, o martelo de carne também era silencioso, a panela de pressão silênciosa, até o latido do cachorro era silencioso. nossos gritos eram em silêncio, todo nosso barulho tinha que ser abafado.

gosto de remédios, remédios ajudam a gente a ficar em silêncio.

silêncio é bom.

a gente não recebia visitas, minha mãe não gostava que as pessoas fossem lá em casa, meu pai também não.

na escola, eu nem tinha amigos, nunca participava dos trabalhos em grupo, me perco quando muita gente dá opinião.

decidi que quero viver, eu quero viver. coloquei tela de proteção no apartamento todo, a gente nunca sabe quando vai tentar fazer uma besteira grande, melhor assim. mesmo não querendo, a gente acaba pensando, parece que alguma coisa fica falando, faz, faz, faz. outro dia mesmo, me peguei segurando num ferro quando o metrô estava vindo, segurei, porque do nada me deu uma vontade de fazer merda. senti que segurar naquele ferro, foi uma evolução.

não quero mais acordar amarrado numa cama de hospital, cheio de canos saindo do nariz e da boca pra tirar remédios que engoli. outro dia, fui no posto de saúde pegar remédio, o lítio, pego no posto de saúde, antes eu pegava sertralina, não tomo mais sertralina, melhorei, não preciso mais de sertralina. a moça que entrega remédios abriu o computador, chamou a colega e as duas ficaram olhando alguma coisa que apareceu na tela e depois pra mim, até que uma delas falou baixinho pra outra, judiação, tão novo. eu sei que ela falou isso, porque eu sei ler lábios, pensei, devo estar fichado como suicida.

melhor como suicida do que como louco.

ando muito sentimental, às vezes tô parado, e do nada começa a sair lágrimas dos meus olhos. me tampa tudo, me tampa a garganta, me dá um sufoco tão grande, que é como se alguém estivesse esmagando meu coração com as mãos. dá a sensação que não vou aguentar, que não vou segurar essa merda.

não tenho comido, não tenho fome, pode ser por causa dos remédios, não sei, eu acho, acho que pode ser, que pode ser que algum remédio que tirou minha fome, fiquei pensando nisso. mas também pode ser que não seja isso.

a senhora acha que emagreci? fiquei alguns dias sem comer. olhei no espelho e me senti meio chupado. não vou forçar, não vou empurrar comida goela abaixo. ninguém entende, é como se eu não tivesse o direito de fazer o que eu quero. você precisa se alimentar, você precisa comer. não tenho fome, não entra nada. mas você tem que fazer alguma coisa, tem que se ajudar. estou tentando. todo dia eu tento. mas não consigo comer. não consigo parar de chorar, não consigo parar de pensar coisa ruim, não consigo, não estou conseguindo, estou tentando, mas...

meu único amigo falou que, se eu fumar maconha, pode abrir o apetite. estou pensando em fumar maconha. coloquei na pizza, como se fosse orégano, não adiantou nada. ele me levou numa senhora que vende brigaconha, é brigadeiro com maconha, ela também tem bolo com maconha, sanduíche com maconha, bala de maconha, tudo de maconha.

vou acabar virando maconheiro.

maconha também relaxa, maconha também deixa a gente tranquilo, maconha abre o apetite, maconha dá fome. estou pensando em usar pra ficar bem.

quero ficar bem.

estou bem, estou super bem.

parei de me machucar, joguei tudo fora, as giletes, os pregos, o estilete, o cadeado que eu amarrava num barbante, não faço mais nada disso. também parei de arrumar encrenca na rua pras pessoas me baterem. quando vem a dor e o sufoco, eu me seguro, me seguro o máximo.

outro dia, estava desesperado, eu sabia que podia fazer uma merda grande, falei pro meu amigo, não estou aguentando, eu não estava mesmo. pedi pro amigo me morder, falei, me morde até doer muito, me morde até eu não aguentar mais, morde até seus dentes doerem, ele ficou me olhando, percebeu meu desespero, ele sabia que eu não estava aguentando, ele é meu único amigo, ele percebeu minha dor, viu que estava pedindo com honestidade, então ele me mordeu, e a dor passou, me mordeu até eu chorar, e ele chorou também. chorou e disse que nunca mais ia fazer isso.

estou super bem, os remédios estão me fazendo bem.

estou bem, doutora.

estou super bem.

até quarta-feira que vem.

bom dia pra senhora também.

## parça

arrombado, cambada de arrombado! um arrombado desses vive pra quê? fala, parça, pra quê? pra foder a vida dos outros; acho que acorda, se olha no espelho e fala: "hoje vou foder a vida de meio mundo! vou ver se esses marreteiros são tudo isso mesmo...".

deve ser isso que eles falam, parça. pegar ladrão, esses arrombado não pega, parça, têm medo, sabe que o baguio é louco, ouve só, parça. presta atenção: outro dia mesmo eu tava aqui, parça, juro! bem aqui, parça. tava uma mina sentada ali, tava com o celular na mão, sabe como é, parça. essas porra não larga o celular nem pra dormir, aí abriu a porta, parça, e dali, bem dali, veio um drão. não era um drão, ladrão profissa; era um drãozinho... parecia mais um noia. chegou com tudo, parça! turbina no pé. maior rapidão: tirou o celular da mão dela e saiu correndo! coisa de cinema, parça! eu fiquei que nem desenho animado virando a cabeça pra lá e pra cá, liga, parça? os urubu tava no vagão, tinha uns urubu fora também, todo mundo viu, parça. a menina nem teve reação, ficou parada, parça, perplexa! só chorou um tempo depois que caiu a ficha. os caras não fizeram nada, parça! ficaram com cara de cu! fizeram de conta que nem viram; fizeram de conta que nem tava ali... sei lá, deu ódio, parça... agora fala: se era um pai de família que tava trabalhando, eles fodiam o pai de família! o negócio deles é esse, parça. é foder trabalhador! os cara é cu! uns arrombado do caraio! ódio, parça... tenho ódio, parça! comigo é poucas ideia com esses cara, poucas ideia, eu vou com tudo. tô nem aí com esses ramelão, parça! tô com sangue no olho! tô só esperando a melhor hora... a hora que o baguio pegá, tomo sangue de um arrombado desses de canudinho, parça!! eu venho nessa lata velha só pra fazer meu trampo, parça... sou pai de família, parça. sou trabalhador, porra, não sou vagabundo... os caras sabe disso, antes de ontem mesmo, eu tava sozinho no vagão: maior desespero pra vender, pra ganhar mais um qualquer pro fim de semana, pra levar os meninos pra dar um rolê! do nada, parça. do nada os urubu veio e colocou o cacetete no meu queixo... poucas ideia, parça! saí trocando, parça, baixo a cabeça não, parça... guerra é guerra! eles que sabe... tenho medo, não. chegou no respeito, é respeito, se pegar mercadoria minha, tá fodido! o leite da minha criança não vou perder, não! não vou entregar o pão da minha mesa pra arrombado nenhum, parça!... por isso que eu falo: nessa hora nóis têm que se unir, parça! é um por todos e todos por um. é isso ou nada! nóis apanha, nóis morre, mas não vai morrer sozinho. muita mãe vai chorar! se a minha mãe chorar, a dele vai chorar também, parça... depois nóis se encontra no inferno e resolve a treta! poucas ideia, parça. nóis têm que se unir, parça... mostrar que nóis têm força; mostrar que nóis não é otário, parça... os cara quer trocar, nóis troca. quero ver se eles se garante... nóis têm que quebrar tudo, parça! quero ver... acha que eu num penso na população? que num me preocupo?... sei que aqui tá cheio de pai de família que nem eu. trabalhador que acordou cedo, tiazinha que tá correndo pra fazer a janta dos filho e do marido. mas é isso: a inteligência vai ser deles, parça. esses arrombado do caralho! eles que sabe: eles que vão se foder! cada qual tem que saber o seu. e se o deles é foder nóis, nóis fode eles, parça! se é pra arrastar, nóis arrasta. a deles é cuidar da população, do bem estar, proteger... mas acha que os arrombado têm essa ideia? não têm, as ideia deles é ódio, parça... é pegar no nosso pé porque eles não aceita a nossa liberdade... porque nóis não tem patrão, parça. nóis num é gado mandado que nem eles. tô pouco ligando, comigo vai ser na voadora! num tô nem vendo quem tá na frente!... consequência, minha e deles. tenho dó da população, num quero estragar a paz de ninguém... não entro aqui pra destruir o meio de transporte de ninguém, parça. gosto de paz, mas não quero um arrombado desses tirando o meu pão, entendeu, parça? vamos parar essa porra hoje!... vamo pará, tudo! quando chegar na próxima estação, a gente sai do trem e deita na linha; a gente entra na frente do trem, todo mundo. ou é todo mundo ou não é ninguém! é todo mundo dando as cara, parça! porque nóis é sujeito homem. aqui não tem moleque, não. aqui é pai de família que não tem emprego; que tem família, que tem que colocar o pão na mesa. é trabalhador que nem eles, só não tá com essa farda de vendido pro sistema! mas nóis é gente... todo mundo pra linha! quero ver se essa merda anda!... quero ver tirar nóis de lá... porque se tirá, nóis pula de novo. hoje, amanhã, depois, depois e depois... tirou, nóis pula de novo! de novo e de novo.

## culpa

não sou homem de colocar a culpa em quem não pode se defender, mas o que é certo é certo! a culpa foi dela. mulher sempre é culpada. se ela não tivesse vacilado, não tinha acontecido. se ela tivesse seguido as regras, tinha sido diferente. mas ela errou: quis ter opinião própria, quis ter vontade própria. porra, não pode! e eu sirvo pra quê? pra pensar. foi o combinado: eu pensava e ela fazia. quando o pai dela entregou ela pra mim, era pra eu cuidar dela; era pra eu decidir tudo, mas não, ela se fez de besta. mulher é assim, acha que pode dar nó até em água, mas em mim, não... tá pra nascer mulher que vai me fazer de besta. pode até fazer por um tempo, mas depois, depois não. na minha terra é assim: mulher tem a utilidade dela, nóis têm a nossa, cada um faz o seu combinado, cada um faz o seu certo. mas, não!... não faz. dá no que dá: a culpa foi dela. a mulher sempre é a culpada! sempre foi assim, desde o início dos tempos; desde os tempos da bíblia. se não fosse a eva, o adão não tinha desgraçado a própria vida. ia tá até agora no bem-bom no paraíso! mas a rapariga ganhou a maçã da cobra e tentou o coitado. ficou se insinuando pelada com a maçã na mão... ele ia fazer o quê? tinha que aceitar, porque senão ia se passar por viado, porra! ia tá escrito o quê na bíblia? que o adão dispensou uma peladona?! não ia colar bem, nem pra Deus, nem pro adão: o primeiro e único calango que Deus faz de verdade era baitola? iam falar que Deus falhou. porra, tinha que aceitar, nem que fosse pra desgraçar a própria vida... aceitou. aí, se fodeu! a culpa de quem foi? dela, da vagabunda da eva. ela é a culpada... ainda tenho pra mim que aquela cobra era mãe da eva. fazer uma desgraça dessas com um homem: é ideia de sogra! tem gente que fala que Deus é mulher... às vezes eu penso que é mesmo, porque só mulher pra fazer as coisas escondido; a porra da serpente não tava no combinado, foi feito na escondida; na moita... com mulher tudo é feito na moita; mulher tem essas coisas: compra coisa na moita, guarda dinheiro na moita, trai o marido na moita... homem, não; homem faz tudo na cara! se quer ir no cabaré, vai e pronto! é um direito do homem, o homem precisa descarregar! o homem fala a verdade. eu sempre fui assim: sempre joguei no bigode! quando a gente se conheceu, eu falei pra ela: não mexe com o que não deve. toma tino na vida, que nóis vive bem! falei na frente do pai dela; ela era menina ainda, mas já era mulher formada... eu sou sujeito homem, cabra macho, homem é homem, mulher é mulher, cada um no seu lugar, cada qual com suas obrigação; o homem tem que provê, e a mulher cuidar dos afazer, mulher tem que se dar ao respeito! falei o que eu pensava, falei nas claras pra não ter dúvida, bater nela mesmo, só precisei bater uma vez, e ela sabe que mereceu; quando merece, tem que calar a boca, e ela calou e ficou quieta, é o certo, é o combinado. aí, naquele dia, eu tava chegando em casa e ela de prosa com aquele sujeito, sei lá quem era... nem me interessa. não tinha que ficar de conversa fiada com macho; ainda mais no portão, na frente dos vizinhos, o que as pessoas vão falar? que eu sou um corno manso. onde fica a minha dignidade numa hora dessas? não fica, a gente perde. pensa: um cabra trabalha o dia todo carregando tijolo, fazendo massa, levantando muro de bacana pra dar o de comer pra mulher; é a obrigação dele! mulher de bacana é diferente, mulher de bacana nem olha na sua cara, o que é o certo; mulher que se dá ao respeito não fica olhando pra outro homem; mulher de respeito tem prumo. é o combinado na hora de casar: honrar, ser fiel, é o mandamento de Deus, tá na bíblia... e ela tava lá se abrindo, se arreganhando toda, ria de mostrar os dentes, parecia uma fuleira. fiquei de longe espiando, queria ver que patifaria era aquela: me escondi atrás de um poste e fiquei assuntando aquela crocodilagem! o quentume subiu, minha vontade era puxar a faca da bolsa e rasgar os dois ali mesmo. sou sujeito homem; sou baiano de sangue no olho, mas queria ver... aí Deus e o diabo começaram a falar no meu ouvido, os dois começaram a me usar: era Deus falando pra eu ficar quieto, e o demônio mandando fazer o certo. merda! fica quieto os dois, que eu tô ficando confuso!! mas nada, os dois arrogante ali me perturbando a mente: era Deus e o capiroto trabalhando junto, de conchavo os dois. aí ela passou a mão no cabelo... passar a mão no cabelo é demais!... mulher quando passa mão no cabelo, tá se oferecendo; tá jogando com a vaidade, seduzindo o sujeito; comigo ela fez isso, faz isso quando quer alguma coisa, eu conheço o trem que eu tenho em casa. não pensei duas vezes, não era hora pra pensar, era hora de agir; deixei de escutar Deus e deixei só o coisa ruim falar, e falar alto... e o tinhoso pensa, usa a gente pra fazer a obra dele. puxei a porra da peixeira da bolsa e fui. na hora que eu cheguei perto, o sangue tava nas alturas, os dois ali um rindo pro outro, desgraça! e por acaso mulher decente ri pra macho? não ri, mulher decente se dá ao respeito; mulher decente não ri nem pro marido. mulher decente não geme na hora do sexo, mulher decente faz calada; quem geme e pede mais, assim, assado, é quenga, é rapariga de valeta... mas ela tava se rindo pro macho, eu não pensei duas vezes: meti a faca no vagabundo e rasguei de cima abaixo, jorrou sangue que lavou tudo!... depois tirei a faca e já furei os olhos dela. nunca mais vai olhar pra homem nenhum, sua imunda! eu não queria matar, só dar uma lição, as misérias das vizinhas gritando e falando alto feito umas maritaca. vinha grito até dos inferno: mata, ela! mata essa vadia!! mata essa vagabunda, não, não quero matar!... mata, chifrudo de meia-pataca! uma gritaria, sangue escorrendo: o maligno no meu ouvido, a vizinha criola no meu ouvido; as vizinhas da rua de cima; as da rua debaixo, gente de tudo que é lado... o cão tinhoso falando no meu ouvido. aí, quando vi, tava chutando. parecia que tinha um espírito ruim em mim: chutei, chutei: morre, miserável! morre, desgraçada, traidora dos inferno!!... morre, que eu não sou corno, não. sou sujeito homem, sou macho...quando vi, ela tava morta. não foi culpa minha, só fiz meu papel de macho que protege sua casa, sua propriedade... a culpa foi dela que não se deu ao respeito; a culpa foi dela, a culpa foi dela.

## goiabada

eu não quero mais, eu tô com fome mas não quero, tá ardendo tudo! a mãe falou pra espernear bastante, gritar bastante, falar pro moço parar, que era assim que ele queria; mas quando eu fiz isso, o moço me bateu, me chamou de nome feio e tapou a minha boca com a mão grande e gorda dele. eu não quero mais, eu não quero mais a goiabada que o moço disse que vai me dar. o moço de ontem era mais menor e era mais leve também; pediu pra eu chamar de papai, e me chamou de filhinha do meu coração... eu até queria que ele fosse meu pai, mesmo! ele me deu uma boneca e uma roupa nova e deu dinheiro pra mãe. a mãe gosta do dinheiro; a mãe disse que eu podia chamar o moço de pai, sim. mas eu não sou filha dele; eu até queria, mas eu não sou. eu sou filha do meu pai, mesmo... a silene também já foi filha dele. a silene tá guardada, escondida; a mãe não deixa ninguém ver silene, a mãe disse que é assim: não pode, porque não pode!... foi assim que a mãe falou: "ela não pode mais ser filha dos moços, não pode mais ser filha de ninguém, daqui a pouco ela não vai ser filha nem da mãe, vai ser filha de Deus...". a mãe disse que ela vai morrer; que já tá quase morta, que só falta morrer, pra morrer mesmo!... e aí vai ser só eu e a mãe; a gente vai cuidar uma da outra... tá doendo! eu vou chorar pro moço ver que tá doendo muito e parar. o moço não é bom, ele é ruim, ele não liga se tá doendo! a mãe disse que doer um pouco é normal; e que a gente tem que tá pronta pra dor, porque as coisa vai doer a vida toda! mas eu não quero sentir essa dor a vida toda... a mãe disse que a hora que doer, era pra eu pensar em comida: na minha comida, na comida dela, na comida da silene; e que, se a silene não comer, a silene morre, e eu não quero que ela morre... então eu vou aguentar a dor! comida é bom. comida vai tirar esse gosto ruim da minha boca; comida vai tirar o gosto desse moço; eu não gosto do gosto dele, o gosto dele é amargo... tá doendo tudo! os tapas na fuça que o moço me deu; as minhas beiras; dentro de mim tá doendo... meu estômago tá doendo, tudo dói! saiu sangue de trás de mim, mas ele não ligou... ele riu, riu e continuou... ontem, quando saiu sangue da minha frente, o moço de ontem, que era bonzinho e que pediu pra eu chamar ele de pai, chorou. o moço de ontem chorou quando saiu sangue da minha frente; chorou e me chamou de minha menina inocente; e me abraçou e cantou pra mim; e disse que eu podia dormir no colo dele... eu queria que ele fosse mesmo meu pai! eu não lembro direito como era meu pai, mas eu queria que o meu pai fosse que nem ele: branquinho, do olho claro que nem o céu! o moço me olhou de um jeito tão bonito que ele parecia Deus; ele chorou de um jeito tão bonito, chorou igual a mãe chora, quando olha pra nós... mas o choro dele parecia choro de felicidade. eu queria que ele voltasse, mas a silene disse que ele não vai voltar; que agora ele vai ser pai de outras meninas; que ele só é pai uma vez de cada menina; que ele não fica sendo pai da gente a vida toda; ele é bom, ele quer ser pai de todo mundo; ele é igual Deus. Deus é pai de todo mundo... será que esse moço não vai terminar isso logo? ele disse que vai me inundar. inundar é quando o rio sobe... eu não quero, eu não quero morrer afogada! ele disse que vai me inundar, que vai me deixar sem sentar um tempão! acho que ele vai bater na minha bunda pra ficar doendo e eu não sentar... eu não posso ficar sem sentar um mês, porque, se a gente não senta, não come direito, e eu gosto de comer pra ficar feliz! eu quero todo mundo feliz, eu quero que a mãe fica feliz e para de chorar... mas ela só chora. ela olha pra mim e chora; ela olha pra silene e chora; e reza e pede perdão... a mãe vai acabar se acabando de tanto chorar: a mãe só sabe chorar, a mãe deve ter nascido chorando; ela disse que eu chorei quando nasci; que eu chorei quando me deram um tapa na bunda; eu não gosto de apanhar na bunda, nem na cara, nem em lugar nenhum!... se o pai tivesse aqui, ia ser diferente, ele não ia deixar o moço me bater, mas ele não tá... eu queria lembrar como era a cara do pai, mas eu não lembro; pode ser que a cara do pai é igual a do moço de ontem; a cara do moço de ontem, eu lembro o tempo todo... eu vou fechar os olhos e pensar que esse moço que tá em cima de mim, é o moço de ontem... o moço de ontem, eu não precisava fechar os olhos e pensar em outras coisas; ele era bonito de se ver; eu queria que ele fosse meu pai; eu não lembro do pai, mas toda vez que eu quiser lembrar do pai, eu vou pensar no moço de ontem e nos olhos da cor do céu dele... o rio tragou o pai. o mesmo rio que levou o pai trouxe o moço de ontem e traz todos os moços que já foram pai da silene; e que vão ser meus pais...

eu tô com vontade de fazer cocô e o moço não para! eu não aguento mais ficar assim; mas ele fala toda hora que vai me dar goiabada: a silene gosta de goiabada! a mãe gosta de goiabada; eu gosto de goiabada; todo mundo gosta de goiabada... eu não gosto do cheiro desse moço! não gosto da suadeira dele em cima de mim; parece que ele tá chovendo em cima de mim; ele pinga igual goteira em cima de mim; eu não gosto do gosto dele na minha boca; da dor que ele fez nas minhas beiradas; da dor que ele tá fazendo dentro de mim... vai logo, moço, que eu quero respirar direito! termina logo, que eu tô com fome e não aguento mais! a silene disse que uma hora a gente não sente mais nada. a mãe disse pra ela parar de ser desavergonhada! eu não quero ficar encaroçada que nem a silene... vai mais devagar, moço! para de rasgar eu, para com essa fungação! desse jeito, parece que o senhor vai morrer dentro de mim; parece que o senhor vai morrer em cima de mim; se o senhor morrer, o canoeiro vai ter que jogar o senhor no rio pras piranhas comer... para de fungar, eu não gosto do barulho da fungação! para, moço, para de me bater e falar essas coisas feias! para, moço, parece que o senhor vai morrer; deixa pra morrer no rio... para, moço, não morre em cima de mim, o senhor pesa demais eu não vou aguentar o seu peso! para, moço, por favor, tá doendo demais, demais mesmo... nossa, que pesado! pesado demais, meu Deus! me acode, ele fungou alto demais agora; fungou que nem trovão, fungou e parou... acho que ele morreu. eu sabia que isso ia acontecer!... será que eu fiz alguma coisa errada? a culpa é minha, agora a mãe vai me bater. o senhor tá pesado, moço, tá pesado; me acode, meu Deus! me acode! eu vou apanhar da mãe porque eu matei o moço! do jeito que ele fungava, eu sabia que ele ia morrer... tia nhoca morreu fungando assim; tia berenice morreu fungando assim; a mãe disse que a silene também vai morrer fungando. eu não quero morrer fungando... o moço fungou, o moço fungou e morreu em cima de mim! ele não podia morrer fungando assim em cima de mim; bem que ele podia deixar pra morrer longe de mim... não, não morreu, ele tá respirando! ai, meu Deus, ajuda que ele se mexe! eu não quero que a mãe me bate; me ajuda, meu Deus! me ajuda, moço do olho da cor do céu!! me ajuda, volta e vem ser meu pai!... ele tá se mexendo. tá se mexendo... obrigada, meu Deus, obrigada!...

## duas mulheres e um copo d'água

a água que a senhora pediu, metade com gelo e metade sem gelo.

obrigada.

a senhora quer mais alguma coisa?

não, obrigada, pode ir.

ir pra onde? eu tô. tá bonita a festa, né?

a senhora não está trabalhando hoje?

não trabalho aqui, não.

que arrogância a minha, me desculpa. foi pegar água pra mim e não pegou nada pra senhora. a senhora quer tomar alguma coisa? se quiser, eu pego.

que é isso? não carece, não. hoje estou me divertindo, tô na vida de madame.

olha! isso mesmo, parabéns.

meu menino estuda aqui.

o seu menino estuda aqui? olha que coisa linda, adoro esse país.

prazer, eu sou a mãe do jewilson.

a mãe do jewilson, que gracinha. e esses meninos serelepes são todos seus?

minha cara, né?

podem até ser esportistas. essas crianças de hoje, impressionante, já aprendem a correr desde cedo, em alguns casos é muito útil, falo sempre pra minha secretária, corra, corra sempre. correr em alguns casos é fundamental, a gente ouve cada história, coisas de brasil, o meu não gosta de esporte, pelo menos não dos esportes que eu quero que ele faça, coloquei no tênis, não quis, natação não gosta, imagina que ele gosta de futebol, veja só, futebol!

futebol é bom, no futebol corre também..

mas é um esporte muito perigoso.

só quando vai e quando volta do jogo, mas lá dentro do campo mesmo é normal.

o problema é esse mesmo, ir e voltar.

ir e voltar é sempre perigoso.

a senhora tem razão, falei esses dias com minha psicóloga, estou começando a ter crise de pânico, quando saio de casa fico nervosa e antes de voltar e fico ansiosa, preocupada, os trajetos me matam, eu tenho tanto medo desse país.

isso porque a senhora não pega ônibus, trem e metrô, imagina se pegasse, morria dentro da condução, mas fica em paz, uma hora melhora.

espero que sim.

...

o jewilson foi na sua casa outro dia, obrigada pelas coisas que a senhora mandou..

gostou?

pode falar, a senhora não vai se ofender?

mas é claro, vivemos num país livre.

eu gosto mesmo é de coxinha e bolinho de carne.

da próxima vez vai ter, e vai ter quibe também, a senhora gosta de quibe?

é seco, mas eu gosto. acredita que eu sempre engasgo? tem horas que eu acho que já nasci engasgada, engasgo com tudo.

acredita que eu também?

é a vida.

...

a senhora quer que eu jogo o copo no lixo ?

imagina, não precisa se preocupar, mas se quiser jogar...

eu nem jogo, eu guardo, tenho mania de guardar as coisas.

tinha uma irmã igualzinha à senhora, mania de guardar tudo, todo aniversário o marido dava joias pra ela, dava até inveja, inveja branca, claro. morreu recentemente, ficou tudo pra filha.

minhas joias eu uso tudo.

tem muitas?

não posso ver um brinco bonito no camelô que já quero comprar, gosto de joia e perfume, meu ponto fraco.

perfume eu gosto muito.

tô vendo, dá pra sentir de longe, acho que nunca senti um perfume tão bom, dá até inveja, inveja branca, parece que a senhora não fica suada, se eu ando um pouquinho, já fico com catinga embaixo do braço, a senhora não, a senhora tem cara de que saiu do banho, a senhora é muito cheirosa, cheirosa demais.

gostou?

adorei, eu adoro perfume, o seu parece até o arroz-doce da minha vizinha.

arroz-doce? nossa, quase engasguei! toma pra você, é francês.

a senhora tem certeza? não vai fazer falta?

não, pode ficar, pra você abafar com cheiro de arroz-doce.

vou levar pra minha Pomba Gira emantar.

melhor não, esse povo da áfrica pode ter preconceito de coisas europeias, vou te mandar um outro que combine mais com eles.

eu já ia pedir pra Pomba Gira abençoar a senhora e abrir seus caminhos.

nesse caso, quem sou eu pra discutir com uma divindade que abre caminhos e abençoa, ainda mais do jeito que está o trânsito hoje em dia, abrir caminhos é sempre bom.

ela é poderosa, amarrei meu terceiro marido com ela.

a senhora se casou três vezes?

já casei tanto que lá na comunidade me chamam de gretchen.

...

diferente o nome do seu menino, jerrywilson.

é jewilson, com o "eme" de ponta-cabeça.

eu particularmente acho que essas letras deviam ser abolidas da nossa escrita.

a pequena chama papaverina, peguei de uma caixa de remédio, a maiorzinha britney, a outra madonna, o de maior que não veio, adroaldo, trabalha no super-mercado, e as gêmeas que ficaram com a vizinha, mariah e rihanna. eu variei, tem de tudo, adoro nome internacional.

eu gosto de família grande, meus pais também gostavam, somos em três, e todos foram pra faculdade, por mérito próprio, outros tempos, tempos mais honestos.

gostei da senhora, fala bonito, e é simples, é gente como a gente.

sou uma mulher livre de preconceitos, olha eu aqui falando com a senhora. já somos quase...

...

estou aqui falando com a senhora e preocupada com suas crianças, olha lá os seus meninos brigando, de repente uma outra criança que não está acostumada com esse tipo de coisa se envolve e acaba se machucando.

não, tão brigando, não, tão brincando.

estão brigando, sim, olha direito, parem com essa selvageria que vocês vão acabar se machucando. a senhora não vai apartar?

eles brincam assim.

assim, com essa violência?

eles estão brincando de luta, ficam assim, um dando soquinho no outro, mas não se machucam, não, estão acostumados, é bom pra aprender a se defender.

nossa, que ótimo! luta livre! tão jovenzinhos, e já... desculpe me intrometer, mas é que fiquei assustada, com medo de acontecer alguma coisa mais grave, de repente, um arrastão, a gente ouve cada coisa, fiquei até sem ar. mas como a senhora disse, é normal entre eles, estão aprendendo a se defender. que graça, sobrevivência.

...

a senhora desculpe o meu choque, é que na minha família a violência é uma coisa inconcebível.

...

o meu menino gostou muito da sua casa, e eu também, ele tirou fotos, coisa linda, casa grande a sua, deve dar um trabalho pra limpar.

sério? ele tirou fotos?

filmou também.

filmou?

que foi? a senhora está bem?

engasguei com o ar.

quer que eu dê uns tapas nas suas costas?

tapas? não tem necessidade.

sabe, ele nem queria ir, mas foi.

eu falei pro marcelinho, convida todo mundo, todos os seus coleguinhas de sala.

ele não queria ir porque a sua casa é muito longe, fora de mão, não tem condução pra lá, suas empregada deve sofrer pra ir trabalhar.

por isso que eu mandei um carro pegar todo mundo, e o seu filho me deu o maior susto. imagina que em determinado momento da festa ele sumiu, fiquei preocupada, procurei em todos os cômodos, pensei, quem sabe ele dormiu, é normal sentir sono, mas, quando vi, estava conversando com a empregada na cozinha, fez amizade.

ele disse que a senhora tem um monte de empregada. quantas?

na cozinha só duas.

está precisando de mais?

é pra senhora?

pra minha irmã, coitada, o marido bebe, perdeu o emprego e ainda bate nela, minha irmã adorou a sua casa, o bairro inteiro gostou.

o bairro inteiro viu a minha casa?

ficaram babando, sua casa parece coisa de novela. se abrir vaga pra trabalhar na sua casa, vai ser uma briga, a mulherada vai disputar a vaga na porrada.

vocês resolvem tudo assim? brincam de soquinho, desengasga com tapa nas costas, disputa vaga de emprego com porrada...

vai mesmo. quem não vai querer trabalhar na casa da senhora? o problema é a distância, suas empregada deve sofrer pra chegar.

eu particularmente não estou precisando, mas posso ver se alguma amiga minha precisa.

se alguma amiga sua precisar, a senhora manda seu menino falar com o jewilson.

com w.

isso.

pega mais uma água pra mim.

já sei, metade gelada e metade sem gelo.

## menó

se liga, menó, você acha mesmo que alguém se importa com você? analisa, menó, os arrombado só joga pão velho e resto de sanduíche pra nóis porque têm preguiça de jogar no lixo, o lixo é nóis, menó, nóis é o dejeto deles. você é iludido, menó. você acha que alguém liga pra suas história triste? ninguém tá nem aí, menó, foda-se que você não tem família, foda-se que tua mãe te criou na esquina vendendo porra de bala de hortelã suada, as pessoa tão pouco se lixando. ninguém quer saber que a tua mãe morreu de frio. ninguém vai passar aqui, e falar: "olha aquele menó, é branquinho, loirinho, dá pra adestrá esse animalzinho, só tá um pouco encardido, mas, se a gente lavar com cloro e creolina, fica apresentável, olha que bonitinho o isopor que ele usa de travesseiro, olha o papelão, é de geladeira, viu o que ele usa de cobertor? uma roupa puída de papai noel, vamos levar esse menó pra casa, e ser a família dele"? vai não, menó, ninguém vai levá nóis pra casa, ninguém qué nenhum de nóis, pôde sê branco, rosa, pardo, preto, nóis assusta, nóis dá medo, não adianta fazer cara de bonzinho, ninguém te quer, ninguém vai pegar na tua mão e falar: “ agora você vai ser nosso filho”, ninguém vai fazer isso não, menó, você viu como os meganha colocaram o corpo da tua velha no rabecão? de qualquer jeito, é assim que os rato cinza trata nóis, futuro presunto, é isso que nóis é, acabou, menó, tua família agora é nóis, eu, o pereba, o beiço de mula, o dámaisum, a tua família é nóis, quem vai cuidar de você é nóis, quem vai proteger você é nóis, quem vai correr com você é nóis. nóis tá cansado de ser tratado feito lixo, menó, você também já se fodeu, passou pelo sistema, morou em porra de abrigo, e agora tá aqui jogado na rua porque também não se encaixa nas regra, nóis tá que nem você, menó, tudo cheio de ódio.

nóis vai cuidar de você, nóis vai proteger você, você é igual nóis... aqui é um cuidando do outro, menó. você acha que alguém liga pra nóis? que alguém se importa com nóis? nóis é só o lixo que eles não conseguiu enquadrar. viu a senhora que tava aí trocando ideia? só veio trazer o resto do bandeco que não conseguiu comer no almoço. acha que ela vai parar cinco minutos pra ouvir nossa história? vai nada, veio só trazer resto pra se amostrar pras amiga, dizer que faz caridade. cheia de mostrar que faz boa ação. pergunta meu nome pra ela. ela não sabe, e nem quer saber. ninguém quer saber de nóis. o bom pra eles é nóis trancado, nós aqui é risco de vida. não faz essa cara de choro, não, também, se quiser chorar, lamentável, tô só passando a visão, mandando as ideia pro teu bem, pra você acordá, você é muito iludido, menó. e não vai achando que é diferente de nóis porque é branco, chegou na rua, é marginal, noia, trombadinha, cracudo. sua vida agora vai ser assim, é da rua pro corró, do corró pra instituição, da instituição pro abrigo, do abrigo pra rua, e da rua pro corró de novo, isso quando não for caixão e vela preta, sabe o que um arrombado disse pra mim uma vez quando eu contei que tinha levado vários tiros dos meganha e não tinha morrido? que a polícia não tinha tido sorte, disse isso, menó. pra eles, menó abandonado é tudo craqueiro.

qué sê adotado, qué família? morre e nasce de novo, e para de chamá essa gente de tio e tia, nenhum deles qué sê sua família, nenhum deles qué você na casa deles. já era, menó, tua realidade agora é outra. olha os cara, beiçola, perreco, baleado, mcchaveco, dámaisum, eu, tudo se fodendo. nóis num se ilude, não.

agora é nóis que é tua família, é nóis que vai cuidar de você, é nóis que vai te proteger, é nóis que vai ficá cuidando de você. é isso. nóis tá ligo que você tem medo de escuro. não fui com você atrás da banca pra você mijar? te esculachei, tirei onda com você? não te julguei, menó, aqui ninguém julga ninguém, aqui nóis cuida um do outro. olha o pereba: menino de boa, morava na rua, chegou com sarna; sarna, menó! nóis num julgou, nóis ficou de boa, a gente sabe que o menó não teve cuidado da família; família abandonou, sabe quem fez o guento do remédio dele? eu. o pereba nunca foi do crime, é menino de rua, morava em cortiço, era maloqueiro, mas nunca foi do crime. tá de boa, tá feliz de tá com nóis, come bem, tem o papelão dele. teve que sair de casa porque tentou matar o arrombado do padrasto que espancava a mãe dele.

olha o branca de neve, tem 14 anos e ainda chupa chupeta, pra nóis é normal.

olha o gaiato, o gaiato tem estampa, tem pintão, pega uns viado aí, arrasta o viado pra algum lugar, beija na boca e tudo, faz o viado confiar, depois nóis chega junto e azara o viado, se o viado encrespar, nóis já fala que o gaiato é menor e que se der showzinho de puta, nóis chama os gambé e os gambé vão enquadrar ele na pedofilia, viado se caga, fica com medo.

e você, menó, nóis tem plano pra você, menó.

você é branco, bonitinho, olho claro, tem cara de bem nascido, cara de filhinho de papai, passa como mauricinho, veja só, menó, você agora vai virar homem, menó, você vai ser que nem nóis, menó, você vai ser do crime, menó, tua coroa vai te olhar do céu e ficar orgulhosa de você.

nóis vai fazer um corre monstro, menó... corre monstro, capaz até de nóis ficá famoso. já pensou, menó? nóis tudo no jornal, nóis, menó, o bonde, menó, o bonde dos moleque.

quando a maioria dos menó aqui entra num estabelecimento, os bico já cola em nóis. pensa, menó, por quê? porque nóis tem cara de ladrão, porque nóis é preto. nóis vai arrumar um kit de playboy pra você, menó, um kit que vai deixar você na estica, menó, e você vai colar numa loja boa, vai ficar olhando as coisa, nóis cola na sequência, os bico vai colar em nóis, os funcionário da loja vai ficar tudo na nossa visão, tudo achando que tá pescando nossas ideia, tudo vistando os pretinho com cara de fodido, tudo no encalço dos pretinho com cara de noia. e enquanto os lixo tão seguindo nóis, os funcionário, o gerente, todo mundo perseguindo a gente, você vai limpar tudo que você puder, tudo, menó, e vai sair de boa da loja, só quando você sair, nóis abandona o lugar, se os cara vim no encalço, vai se foder, porque nóis vai tá limpo, depois nóis se encontra e faz tudo que você pegou virar dinheiro.

entendeu, menó? eu sei que você nunca roubou nada, mas agora você tá com nóis, agora nóis é familia, e familia tá juntão em tudo. é isso, menó, é nóis, menó, o bonde, menó, bonde monstro, menó.

## acesso

eu só quero pagar uma conta, o que mais você quer que eu mostre? é divertido duvidar de trabalhador, de pai de família, de gente de bem? se fosse ladrão, vocês não paravam, né, cambada de bunda mole?... se eu tivesse com um fuzil apontado pra sua testa, você ia abrir essa merda correndo! se eu tivesse com um terno bonito e uma pasta dessas de executivo, você ia abrir, nem que ela tivesse cheia de bombas pra explodir o quarteirão!... não tem nada aqui, eu já mostrei, você quer que eu tiro a roupa? olha o cuzão atrás da guarita, apontando a arma pra mim... deve estar se divertindo. eu sou trabalhador!... vontade de chutar a porra dessa porta! porta de merda! guardinha de bosta! a diversão dele é essa. esse filho da puta se diverte apertando a porra de um botão que faz crack crack bip bip... olha pra gente e fala: esse sim, esse não... esse eu quero irritar, esse tem cara de folgado... vou irritar esse, vou ver o quanto ele aguenta... essa tem cara de que está de chico, vou fazer ela abrir a bolsa pra ver se tem absorvente dentro, quero ver se ela usa o de aba larga ou OB... baiano do caralho! se sente poderoso, só porque usa esse uniforme mal cortado e tem uma arma na cintura.

chama o gerente, ele me conhece. a loirinha do caixa me conhece, a loirinha dos dente pra fora. cadê o outro segurança, que ficava na porta? ele me conhece... eu venho sempre aqui; eu só quero pagar uma conta. eu sei que é você e o seu parceiro que fica barrando a gente. se eu fosse ladrão e quisesse assaltar mesmo, não era essa porra de porta que ia me segurar. eu explodia essa porra e mandava tudo pros ares!... você, essa porta e esse monte de gente reclamando atrás de mim!... não vou sair: esperei, todo mundo espera... vocês estão com pressa, eu também estou. eu também estou na minha hora de almoço.

era só o que me faltava: um baiano errado que resolve cagar regras, só porque colocou a merda de um uniforme?... você nem é concursado, você é terceirizado, seu bosta! pra ser terceirizado não precisa saber ler, é só saber escrever a porra de um silva; ser truculento, porque é isso que vocês lá de cima são: uma cambada de sanguinários analfabetos... aí vêm pra cá, coloca a bosta de um uniformezinho, que dá um ar de civilização, e conseguem a merda de um emprego que não precisa usar o cérebro... mesmo porque não é uma profissão: é ocupação; e cérebro é uma coisa que vocês não têm; vocês são movidos a ódio... ódio, comida e cachaça! eu conheço bem a raça de vocês... vocês são identificáveis de longe. onde eu trabalho tem muito peão igual você cheirando a gordura e carniça; usando perfume vagabundo pra disfarçar o cheiro.

eu não vou sair daqui, enquanto não entrar pra pagar a minha conta. eu não consegui pagar no caixa eletrônico. eu já coloquei meu celular, já coloquei minhas chaves, já coloquei as moedas que tinha no bolso; já coloquei meu relógio... isso é sacanagem! dá pra chamar alguém que me conhece pra me deixar entrar? eu só quero pagar a porra de uma conta que eu não consegui pagar no caixa eletrônico!... está vencida, tem que fazer os cálculos.

por essas e outras que eu sou a favor de dividir o país, se bem que mais dividido do que está, impossível... mas vocês não têm vergonha na cara: sabem que a gente não gosta de vocês e vêm pra cá... não conseguem ficar no lugar de vocês... sem a gente, vocês não são nada! chegam aqui achando que tudo se resolve na base da peixeira, aqui não é a selva, não!... está vendo algum macaco além de você? e ainda olham as nossas mulheres, como se fossem as cabras que vocês metem a rola cheia de sebo, lá no lugar imundo de vocês... até os animais, com quem vocês copulam, devem ter nojo de vocês!... a minha vontade é colocar todos vocês num paredão e encher de tiro, só pra ver o tombo e o sangue escorrer... só pra ver o que vocês falam na hora que morrem... se rezam... ver se na cara de vocês tem arrependimento de ter deixado a terrinha de vocês... é isso que eu tenho vontade de fazer, e nem me pergunta por que, eu também não sei o porquê. tudo que eu sei é que eu não gosto de vocês: eu tenho nojo, tenho pavor de ver a lentidão de vocês; desse sotaque nojento, da falta de educação; vocês conseguem destruir qualquer lugar que vocês entram; vocês conseguem fazer qualquer ambiente virar chiqueiro... e o jeito que vocês comem? mastigam feito bicho; colocam mais comida do que cabe dentro da boca; por isso comem de boca aberta... olha essa unha, essa unha comprida e suja do dedo mindinho que vocês usam pra limpar os dentes... vocês são nojentos!... vocês jogam tudo no chão. olha essa cidade, toda suja... são vocês que fazem essa sujeira; são vocês que destroem tudo mijando e cagando pelos cantos; transformaram minha cidade numa latrina a céu aberto. eu tenho ódio. ódio. um ódio maior que eu.

você está percebendo que a fila está aumentando? a hora que o gerente chegar e ver essa confusão, você pode até perder seu emprego.

uma hora todo mundo vai acabar com câncer na garganta por causa dos sapos que engole. esse politicamente correto matando todo mundo; essa porra matando a sociedade, matando os homens decentes. uma hora eu vou falar: essa gente acha que é autoridade, acha que é policial; acha que é a lei por causa dessa farda ridícula?... você é porteiro! até pra ser policial tem que ter ensino médio, tem que saber fazer x num questionário.

olha lá, o gerente! chama ele, ele me conhece. filho da puta, arrombado, baiano do caralho!

eu falei que ele me conhecia, o senhor não quis chamar... a moça do caixa também me conhece; todo mundo aqui me conhece... eu tenho conta nesse banco, desde antes dessa porcaria de porta eletrônica existir! bom... o mês que vem o senhor já sabe, né? olha bem a minha cara... ah, o senhor só está aqui hoje... obrigado, bom trabalho, que Deus abençoe muito o senhor.

## lista

batata, óleo. óleo, batata... nem batata, nem óleo! não vou cozinhar: depois fica aquele monte de louça suja, cheiro de fritura pela casa. se pelo menos fosse sopa, sopa eu gosto, sopa é bom, me solta o intestino, mas eu gosto! nada como uma sopa fervendo! dessas que queimam as cordas vocais e te obrigam a ficar em silêncio. onde estão os congelados? quando a gente precisa, não aparece um infeliz pra ajudar! odeio quando mudam as coisas de lugar; mudam de propósito, pra gente ficar procurando e acabar comprando coisas que não queria; eles apostam nisso, minha mãe foi uma das vítimas deles: se empanturrou de coisa ruim. mas comigo, não!... comigo estão perdendo tempo! não entro nessa: fujo dos chocolates, fujo dos enlatados; gosto, mas fujo... papel higiênico! preciso pegar papel higiênico! folha dupla, tripla! o endocrinologista falou: faz a lista de tudo que consumir e traz na próxima consulta! aí passei a fazer a lista do que vou comprar também... minhas veias estão entupidas. a lista... acho que tinha cenoura, batata... cenoura, batata e frango... acho que era frango. não aguento mais comer frango! que saudade que eu tenho de comer bacon! bacon é vida... o cheiro de bacon faz qualquer um se sentir vivo... vontade de morrer comendo bacon! vou chegar no açougue e pedir um quilo de bacon fatiado!... o mais carnudo! vou pedir pra tirar o couro antes, eu não gosto de nada duro; os meus dentes estão fracos, caíram dois essa semana. dizem que sonhar com dente caindo é morte; se doer, é morte da família; se não doer, é morte de conhecido... crendice popular. idiotice! odeio essas coisas... preciso pegar o produto para fazer gargarejo! como é mesmo o nome daquele produto bom, que o dentista falou? não dá mais pra escovar... fica perto dos cremes dentais, perto do sabonete, do lenço umedecido... acho que vou pegar vários lenços umedecidos e uso no lugar do papel higiênico, posso me dar esse luxo! chega uma hora que a gente se dá ao luxo de tudo... eu devia ter trazido a lista!... devia. minha bolsa é uma bagunça. sempre falo que vou fazer uma limpa, e nunca faço. aqui dentro tem tudo, menos o que eu preciso! tinha uma empregada, que ficava procurando as coisas na bolsa, perto das prateleiras de doce, pra roubar chocolates... mas os mercados ainda não tinham câmera, ela trocava os preços dos produtos no supermercado; ainda não era código de barra... dizem que o código de barra é o símbolo da besta. gostava dela: morreu nova, se não tivesse morrido estaria comigo até hoje... que bagunça! aqui, achei! atestado de óbito de mamãe... o que este atestado de óbito está fazendo aqui? eu tinha que levar pra algum lugar e esqueci... mamãe falava: atestado de órbita. eu achava engraçado, até concordava. se a gente parar pra pensar, é isso mesmo: a pessoa foi pro espaço... que absurdo: escrevi a lista de compra no verso do atestado de óbito de mamãe! isso quer dizer alguma coisa... chocolate amargo, trufas, papel higiênico, diabo verde... a pia está entupida: acho que vou desentupir com refrigerante! acho que o refrigerante também podia desentupir minhas artérias... bicarbonato de sódio, água fervente, soda cáustica, borra de café... não, borra de café é pra ler a sorte! mamãe colocava no antúrio, borra de café e casca de ovo faz a planta crescer saudável... coca-cola, água fervente, lysoform, ácido acético, solução saturada de bicarbonato de sódio, querosene... querosene: não tem necessidade! cloro, fósforo, tremoço... tremoço: reduz o apetite! refrigerante diet, pizza, lasanha, bacon, álcool, querosene... eu já falei querosene! chocolate com pimenta... pimenta aumenta a libido sexual! adoro esses carrinhos... quando envelhecer vou usar como andador! detesto gente que coloca crianças dentro do carrinho com as compras! as crianças ficam com cara de retardadas, ainda bem que não tive filhos... odeio crianças: quando vejo uma criança chorando nos braços da mãe, tenho vontade de bater na mãe! porra de mãe, que não consegue fazer o próprio filho calar a boca! estou esquecendo de alguma coisa... eu tinha que comprar alguma coisa... calma! se concentra: meias, sapato, pimentão, gasolina... pra que tanta coisa inútil? mamãe morreu comprando as coisas inúteis desse lugar. essas coisas que eles colocam no meio do caminho; no caminho dos caixas, que é pras pessoas irem pegando, pegando... enchendo as porcaria desses carrinhos. a roda desses carrinhos sempre engancham em alguma coisa. se eu pudesse, eu mandava essa merda pelos ares! sonhei outro dia que era terrorista... pão, não! eu não posso mais comer pão!... torrada. o médico disse pra comer bastante fibra... vontade de comer macarrão com alho e bastante bacon! azeitonas, bastante azeitona! bastante salsicha! bastante bacon! bastante salame! bastante condimentado! bacon: quero um perfume com cheiro de bacon! dane-se essa dieta!! meu gato morreu gordo e feliz! morreu comendo toucinho e sardinha em lata... ele mesmo abria a lata! eu quero bacon! eu preciso de uns dois quilos de bacon sem couro! um quilo de azeitonas sem caroço... tequila! preciso de tequila e morangos... saquê! caipirinha de saquê com morangos... mamãe dizia que no caminho do céu tem plantação de morangos! eu preferia que tivesse música: mahler, gustav mahler... eu quero a quinta de mahler, quando chegar no céu... e morangos! eu adoro morangos! melhor começar a comer morangos: chocolates recheados com morango... acho que é isso que eu quero!... nunca aparece ninguém pra ajudar na hora que a gente precisa, nunca! mas é melhor assim. é melhor... os inflamáveis, fondue de chocolates com morangos! tudo flamejante! labaredas... os inflamáveis: álcool gel, tenho fósforo na bolsa, fósforo e pólvora... a pólvora era pro Exu, fósforo, pólvora, gasolina, cloro, álcool gel, chocolate, morangos, panela de fondue e vários atestados de órbita... antes eu vou comer bacon cru! dois quilos de bacon cru e vários atestados de órbita! produtos de limpeza, não! não vou me preocupar com a pia, não vou me preocupar com nada... só com os morangos e gustav mahler.

## jardim das curvas

moça, você pode dar sinal pra mim quando vim o jardim das curvas? esses motoristas não param quando veem velho e aleijado no ponto; e quando tem água nos buracos da rua, eles aceleram pra jogar na gente, que é pra gente voltar pra se trocar e desistir. eles devem achar que a gente também não tem o que fazer, que a gente não trabalha, não vai num médico, não paga conta... parece que a gente fica inútil quando fica velho! e olha que eu não sou tão velho assim... eu tô velho por fora, mas por dentro... às vezes acho que por dentro eu tô pior, o meu pai viveu até os 98 anos, não sei se eu quero viver tudo isso; eu não sei se viver tanto é um presente ou um castigo; meu pai morreu lúcido, minha mãe, não... dava dó: esquecia tudo, ela esquecia até o nome dos filhos, ela não sabia mais quem era quem... dava dó! esse que vem aí, qual é? quinto dos infernos... não gosto de ficar tirando e colocando óculos!... o médico mandou usar óculos pra perto e pra longe: de perto eu enxergo pouco, o grau é maior;

de longe o grau é menor, mas mesmo assim eu preciso usar... o problema é que eles me iludiram com esse óculos pra perto e pra longe: a parte de cima é pra longe e a de baixo é pra perto... muito caro! saiu mais caro que se tivesse comprado dois! porque eu não posso colocar pra andar na rua, não me acostumo... vivo tropeçando nas guias e nos buracos desse lugar. nunca vi tanto buraco e tanta guia, alto, baixo, alto, baixo, buraco, plano... eles devem pensar que todo mundo é atleta. estou atrapalhando? pergunto porque você está ouvindo a sua música, aí!... e eu falando, falando, posso estar atrapalhando... e eu não gosto de ser obstáculo na vida de ninguém, nem das pessoas nem dos filhos... meu filho veio me ver ontem, ficou doze minutos, contei no relógio. ele tem aflição de ficar em casa, diz que não tem ventilação, chega e já vai abrindo as janelas. eu fecho mesmo, fecho tudo, a gente nunca sabe o que pode acontecer. lá do lado de casa tinha uma obra, os pedreiros ficavam olhando pra dentro de casa, aí eu comecei a fechar, a obra terminou; mas eu me acostumei, construíram um restaurante do lado da minha casa. a minha nora também não gosta de usar o banheiro lá de casa, outro dia foi lá em casa e lavou o banheiro antes de usar; depois limpou a cozinha e fez comida: uma comida horrível! mas eu comi e falei que estava boa; sem sal e sem tempero... aí, resolveu limpar a casa e ficou vendo filme comigo: eu até gostei, porque ficou bastante tempo; meu filho foi junto, tomaram vinho e depois brigaram; eu nunca vi brigar tanto! nunca briguei com a minha falecida, a gente nunca discutiu. meu filho é trabalhador, mas gosta de beber; é uma pessoa boa, mas bebe; é chato com limpeza, mas é o único que vem me ver toda semana. eu já falei pra ele: separa dessa mulher e vem morar aqui. eu sei que ele não é feliz, mas parece que gosta de sofrer, eu não falo nada. a minha filha também é infeliz; infeliz e egoísta: ela vem de domingo e me leva pra feira, mas cobra e leva a metade de tudo que eu compro!... ela não gosta que eu vou na casa dela, diz que eu deixo a casa dela suja, que mijo fora da privada e me obriga a mijar sentado; não vou mijar sentado: eu não sou mulher!... a filha dela, minha neta, é uma entojada, vive falando que eu sujo a parede colocando a mão, e parede serve pra quê? pra se apoiar mesmo. esse, qual é...? se eu estiver te atrapalhando, você fala! o meu outro filho está fugido, se envolveu com agiota. os agiotas ameaçaram matar, está escondido, só eu sei onde ele está!... ele nunca deu certo na vida, eu levo um dinheirinho pra ele todo mês, nenhum dos outros filhos gostam, mas, se fosse pra eles, não reclamavam! eu sei que não... eu levo, não quero ver meu filho passando necessidade, eu sou pai. tenho um filho bem de vida, advogado, podia ajudar o irmão, mas não ajuda, nem pergunta. eu falei se ele podia fazer alguma coisa... ele disse que não quer conta; ele não gosta que eu vou na casa dele; toda vez que eu vou, o porteiro fala que não tem ninguém. eu sei que é mentira! eu já vi a cortina da janela dele mexendo quando eu cheguei... eu só me faço de tonto. como esse ônibus demora!... desculpa pedir para você, mas, se eu der sinal, ele não para. eles não param nem pra velho e nem pra aleijado; de primeiro, não parava pra preto; agora, a coisa mudou: tá na moda ser preto! minha finada esposa, que Deus a tenha, era preta! ela falava que eu era racista, porque nunca namorei com branca... eu não gosto. não tenho nada contra vocês, brancos... mas não gosto. você já vai? obrigado, eu peço pra uma outra pessoa ver pra mim... de qualquer jeito, obrigado, pela sua atenção.

## entranhas

nunca mais vai ser a mesma coisa. ninguém mais fica perto de ninguém, ninguém pega na mão de ninguém; ninguém abraça ninguém. agora vai ser assim, a gente vai ter que se acostumar.

tava cheio, uns mil, uns mil ou mais, nunca vi tanto peão; tudo desesperado por emprego. o doutor engenheiro chegou e já mostrou a tal da maquete que parecia um brinquedo. e aí ele abriu a maquete e mostrou como ia ser por dentro: era como se tivesse aberto um frango que acabou de ser morto e desse pra gente ver as vísceras, as tripas, o coração, a moela...tava tudo lá dentro, igual o que vai ser, todo mundo ficou olhando.

agora vão parar de construir casa e praça. vai construir só hospital e cemitério. tão com medo de aparecer mais uma doença e os que têm num dão conta. pelo que entendi, é um cemitério que desce pra baixo da terra, como se fosse um prédio dentro da terra, feito uma doença nas entranhas da terra.

um lugar chique pra morto morar. agora todo cemitério vai ser assim, pra economizar espaço.

vai ser uma coisa de doido. pensa num cemitério que desce sangrando a terra até onde ela começa?... ele disse: nos alvéolos da terra... bonito, né? homem estudado, vai ser uma obra importante, eu vou trabalhar lá; sabe uma estação de metrô bem pra baixo? vai ser mais pra baixo ainda! os mortos vão continuar enterrados, só que não vai ter terra, ninguém vai poder jogar um punhado de terra no caixão como sempre fez; também não vai poder ter flor, flor apodrece.

um prédio socado na terra, só que sem janela, ainda bem que morto não respira. sabe aquele prédio que eu trabalhei, daquela madame que não olhava na cara de ninguém? não pegava na mão de ninguém; e morreu sem conseguir respirar, sufocada com o próprio ar? o prédio daquela miserável era cheio de andar pra baixo, tudo garagem... era tão pra baixo que, quando eu tinha que descer pra limpar, me dava gastura... pois é, vai ser muito mais embaixo! pelo que o doutor engenheiro falou: uns cinquenta andares! cinquenta andares pra baixo. pensa nessa desgrameira... mas vai ser tudo ventilado e com gaveta nas paredes, igual as que guardam osso, mas nas gavetas de lá vão guardar o defunto inteiro. lembra que a gente teve que colocar os ossos da tua mãe numa gaveta, pra enterrar teu pai na mesma cova? pois é, vai ser assim.

nos andares mais embaixo vão ficar os mais pobres, os pobres dos ricos, porque nos ricos também tem os pobres, os que têm menos dinheiro, os pobre rico; pobre, pobre mesmo, não vai pra lá; eu acho que não. vai ser um condomínio igual os que já existem; igual os prédios que mora a granfinada, só os ricos; os ricos ricos e os ricos pobres. nos prédio dos ricos tem sempre os que moram nos andares mais embaixo, esses são os mais pobres, são os ricos pobres, donos dos apartamentos mais baratos... os de cima, bem no alto, quase perto do céu, na cobertura mora quem tem mais dinheiro, os ricos ricos. vai continuar a mesma coisa, os com menos dinheiro embaixo, os com bastante dinheiro em cima. viu? não mudou nada.

com as galinha também é assim, tem as vermelha, as branca, as preta, cada uma de um jeito, cada uma de um tamanho, cada uma de uma cor, mas tudo pia, tudo cisca e, na hora que a gente corta o pescoço, todas esperneiam, todas gritam, todas berram e, quando a gente abre, tá tudo lá, o baço, o fígado, o intestino, o coração.

o doutor engenheiro disse que é uma coisa segura, que ninguém precisa ter medo, que não vai ter acidente. pelo que entendi, uma hora não vai mais ter esses cemitérios que tem hoje em dia; vai ser tudo nas entranhas da terra; o cara vai ser enterrado do mesmo jeito, só que com cimento, e também vai ter os crematórios. Deus me livre, esse negócio de virar churrasco depois de morto, não é pra mim!... aí o mundo acaba, e Jesus aparece pra ressuscitar os mortos... como eu vou parar em pé, tendo virado cinza? eu quero ser enterrado direitinho como manda o figurino!... eu preferia ser enterrado mesmo, era debaixo da terra, bem embaixo, sete palmo; esses negócios modernos não entram na minha cabeça, são contra os princípios de Deus; o pastor disse que a bíblia fala que cremar desonra o corpo de uma pessoa, só os infiéis podem ser cremados, os infiéis merecem esse castigo, se a pessoa for cremada, Deus não vai conseguir ressuscitar essa pessoa... colocar nesses apartamentos não é certo, é errado! eu sei que é pecado, todo mundo sabe, a gente trabalha num negócio desses porque é obrigado.

o governo está se preparando: vai que aparece mais uma praga dessas e começa a morrer muita gente; nunca se sabe... esse silêncio que todo mundo anda agora é medo.

nem vou falar pro pastor que o serviço que Deus preparou foi esse de construir coisa que vai contra os princípios do Pai Divino. não vou. como eu vou dizer que agora vou fazer prédio-túmulo pra rico que não vai pro céu? pra gente que nem essa mulher que se achava melhor que todo mundo? melhor não... e tu vê se não abre essa boca! não quero ninguém na igreja me olhando torto.

aconteceu tudo isso e não mudou nada. a pessoa pode orar gritando, baixinho como se tivesse resmungando com Deus, de olho aberto, de olho fechado, mas é igual a galinha, vai tá sempre piando e ciscando, não mudou nada, o julgamento continua, não mudou nada.

## cachorra

eu já tinha ouvido a cachorra chorando várias vezes, chorando e mancando, como se tivesse levado uma surra, vivia amuadinha, a coitada. a vizinha da obra, dona cléo, uma senhora idosa que eu fiz amizade, disse que ele maltrata a cachorra, perguntei se ele batia, ela não quis dizer, fiquei cabreiro, ela disse que o mau trato começou do dia que ele chegou pra tomar conta da obra, começou de noite.

a dona cléo é meio doida, fala muito, mas não mente, fiz amizade com ela desde o primeiro dia que cheguei pra trabalhar, veio me trazer café e saber da minha vida, velha fofoqueira dos inferno.

não suporto ver uma pessoa maltratar um bicho, me sobe o sangue, um sujeito do tamanho dele bater numa bichinha inocente, não admito, não gosto de violência contra bicho, mexeu com bicho e velho, mexeu comigo.

se um dia eu ver uma pessoa maltratar um velho, eu mato, mato mesmo, mato porque não gosto de violência.

com criança é diferente, criança precisa ser educada.

as pessoas estão confundindo muito as coisas, porque uma coisa é violência, outra coisa é educar, eu apanhei a vida toda e sou sujeito homem, criança tem que apanhar pra aprender, um tapa não vai matar ninguém. é melhor o pai bater hoje do que a policia bater amanhã. não falo em espancar pra matar, sou contra a violência, mas bater é normal, bato nas minhas quando precisa, bato de corda, de fio de ferro, o que tiver na mão eu bato, bato pro bem delas, e elas sabem disso, bato pra quando crescer ser alguém na vida, mas em bicho inocente não acho certo, bicho inocente, não admito. não suporto violência com bicho, nem com bicho, nem com pessoa velha, cuidei da minha mãe idosa até o fim da vida dela, minha mãe morreu segurando a minha mão, meu pai também, cuidei dos dois bem velhinhos.

quando eu era criança, a minha mãe, que Deus a tenha, me batia todo dia, e depois da surra ainda me fazia beijar a mão dela, fazia isso pra gente não garrar ódio, minha mãe era uma santa, mas mesmo os santos erram, e essa santa fez uma coisa que não admito.

eu tinha, sei lá, uns dez anos, e nunca esqueci, não esqueci porque tenho pra mim que foi de maldade, aquilo ficou na minha mente e no meu coração, minha mãe morreu segurando a minha mão, cuidei dela até o fim da vida dela, troquei fralda da minha mãe, vesti a minha mãe depois de morta, perdoei, mas nunca esqueci.

eu tenho isso, perdoo, mas não esqueço, eu não esqueço nada, eu guardo pra hora certa, não sou vingativo, mas guardo.

foi dolorido vestir a minha mãe, mas, quando estava vestindo o corpinho sofrido e magro dela, eu perguntei "por que a senhora fez aquilo com o bichinho?", eu sabia que ela não ia responder, mas eu precisava perguntar.

e eu perguntei, perguntei mesmo, perguntei pro corpo sem movimento e sem vida dela, mas perguntei, tinha que fazer isso pra ficar em paz, e pra ela mesma ir em paz.

"por que a senhora matou meu preá com uma martelada na cabeça e comeu o bichinho na minha frente, falando que a carne dele era muito dura?"

eu já tinha amor nos bichos, sempre tive, e eu juro, se não fosse a minha mãe... mas eu entendo e já perdoei, a coitada tinha problema dos nervos, quando ela ficava nervosa os pés dela até inchava, ela perdia o controle e nem sabia o que fazia, qualquer pessoa quando tem problema dos nervos perde o controle, eu também perco o controle, perco mais do que gostaria, perco muito o controle, perco quase sempre o controle, e nem sou nervoso, imagina uma pessoa nervosa, uma pessoa nervosa nem sabe o que é controle.

quando vejo a dona cléo, lembro da minha mãe, a dona cléo parece a minha mãe, tenho um respeito lascado pela dona cléo.

quando a dona cléo me falou que ele batia na bichinha, eu já fiquei com vontade de tomar atitude, mas falei pra mim mesmo: mim mesmo, não mete os pés pelas mãos, primeiro vê o que está acontecendo pra você não fazer merda, pra não ser injusto, essa velha é meio louca, mas eu já tinha ouvido a bichinha chorando quieta e amuadinha no canto dela, fiquei cabreiro, me deu uma coisa, fiquei com a merda da pulga atrás da orelha, mas fiquei quieto, não perdi o controle, quase perdi, mas não perdi.

no dia, no mesmo dia que ela falou, eu decidi dormir na obra só pra ver, e dormi, dormi, mas não dormi, fiquei lá no meu canto, fiquei quieto e em silêncio, como se nem estivesse ali, fiquei sem pregar o olho, tava com tanto ódio no coração que eu sabia que não ia conseguir pregar o olho, fiquei ali, quieto, no silêncio, na encolha, fiquei só espiando, se ele batesse, eu ia dar um coió nele, um coió tão grande que o cabra nunca mais ia esquecer, já tava tudo programado aqui dentro da minha mente, se ele batesse de cinto, ia apanhar com o mesmo cinto, se fosse de toco, ia bater com o mesmo toco, na minha frente ninguém maltrata bicho e velho.

já falei pra dona cléo, "se um dia alguém brigar ou fizer maldade com a senhora, pode falar comigo que eu resolvo". a dona cléo confia em mim.

quando ele chegou, a bichinha já saiu de perto dele e foi se esconder, o rabinho dela ficou baixo, aí já fiquei desconfiado, mas ele trouxe comida pra ela, então pensei, sei lá, eu às vezes penso, penso mesmo, penso tudo de uma vez, penso e nem sei que penso, mas penso, sei lá, e eu pensei, não sei o que pensei, mas pensei que podia estar enganado, que a velha era louca mesmo, que eu tinha ouvido errado, pensei, só pensei.

fiquei lá, atento, os olhos querendo pregar, mas não, me segurei, quando foi de madrugada ouço a bichinha chorando, levantei e fui ver o que estava acontecendo, o desgraçado estava fazendo a inocente de mulher dele, não me segurei, não sei de onde eu arranjei força, e, mesmo ele sendo maior que eu, tirei ele de cima da inocente e gritei alto pro bairro inteiro ouvir, só vi o clarão daquele montoeiro de luz acendendo.

gritei que nem louco, berrei pra tudo que é canto, alto: onde já se viu fazer isso com um animal inocente? tanta vagabunda por aí querendo dar e ele fazendo isso com uma bichinha inocente, os bicho hoje não são bicho, os bicho viraram pessoa da família, até mais que pessoa da família, porque eu não vejo um filho, uma mulher e um marido esperando na porta, o bicho sente o cheiro do dono quando está chegando, ouve o barulho do sapato e fica na porta, os bichos são mais humano que o ser humano, bicho não rouba, até rouba, mas só rouba quando é pra comer, não faz isso por maldade, o bicho não estupra, pode ver que quando tem uma cadela no cio vem um monte de cachorro farejando e querendo, quando a cachorra quer, ela mesma se oferece, tive uma cachorra que se esfregava na minha perna, nas quinas, na almofada, no pé do sofá, era desesperada quando estava no cio, pode ver, quando a cachorra tá no cio, vem um monte de cachorro atrás, a cachorra às vezes escolhe um só, e às vezes nem escolhe nenhum, senta, e quando ela senta é porque não quer, se a cachorra sentar, parou ali, nunca vi nenhum bicho estuprar outro bicho, quem faz isso é o ser humano, quando a cachorra senta é a mesma coisa que a mulher quando fala que está com dor de cabeça, tem que respeitar, o homem ainda insiste, eu insisto, tento um dengo, mas sei que não é certo. o bicho não, os bichos têm mais respeito que o ser humano, o bicho macho já entende que ali não vai ter nada, agora um sujeito daquele tamanho estuprando a bichinha pra mim foi demais, não me segurei, grudei no pescoço dele com tanta força que ele esperneou de tudo que é jeito e não conseguiu se soltar, nessa hora, lembrei da minha mãe, peguei uma enxada que estava ali e dei na cabeça dele, mas dei com vontade, dei sem dó, o sujeito estrebuchou, quanto mais ele estrebuchava, eu lascava a enxada, até que ele ficou estatelado no chão, aí eu parei.

os vizinhos estavam tudo lá, tudo olhando. até me benzi, credo em cruz, miserável. morreu, nunca mais vai maltratar bichinho nenhum.

o miserável morreu, dona cléo, nunca mais vai maltratar essa inocente.

os vizinhos que apareceram de tudo que é lado ficaram lá sem saber o que fazer. mas uma coisa ninguém podia negar, fiz o que era certo, fiz o que todos tinham vontade de fazer.

falei a desgrameira que ele fazia com a cachorra. “tava fazendo a bichinha de mulher, estava, eu vi”. a dona cléo disse que sabia que ele fazia aquilo e só não falou porque ficou com vergonha de dizer com todas as letras o que ele fazia, aí outra vizinha falou que também sabia, aí mais uma falou que sabia, e todo mundo ficou se olhando. naquela hora, eles estavam tudo pelado, tudo nu, igual minha mãezinha que eu tive que vestir, mas eu não perguntei por que, eu não consegui perguntar por quê. eles estavam ali tudo se olhando em silêncio e vestindo a própria vergonha, eu estava vestindo todos eles com a vergonha deles, com a boca calada deles, ficaram se olhando um tempo, tudo pelado, tudo ali sem roupa. até que o rapaz da casa da frente tomou atitude de homem, deu a ideia de sumir com o corpo do safado e que aquilo tinha que ser segredo. a cachorrinha parecia entender tudo, olhava com cara de agradecida e ficou atrás de mim balançando o rabo, ou eu fiquei abanando o rabo pra ela.

arrumei uma filha, uma filha que me ama de verdade, mas nessa não vou bater, já nasceu educada, os bichos já nascem educados, os bichos já nascem sabendo, os bichos sabem que a gente é inferior, por isso perdoam.

tudo tinha ficado por isso mesmo, se não fosse a desgrama das câmeras.

## puta

se virar puta tá bom, ruim é se virar coisa pior, se for puta inteligente pelo menos pode conseguir alguma coisa na vida, agora, se for puta burra, se apaixona, puta burra é assim, se apaixona e casa, aí tem mais é que apanhar na cara, apoio marido que casa com vagabunda e dá na cara dela, aqui mesmo tem uma que casou e acha que é livre pra fazer o que quiser, casou, acabou, a vagabunda desce pro funk vestida de cadela e se esfrega em qualquer um, aí o idiota chega do trabalho, não tem janta, casa descuidada, criança chorando, vai lá e tira a vadia pelos cabelos, tá certo, os dois bêbado, uma desgraça, as minhas eu tentei dar consciência, cansei de dar conselho, mas não resolveu muito, agora a mais nova, espero que seja diferente, falei pra ela: se vai sair dando, dá por dinheiro, valoriza o que você tem no meio das pernas e vê se não traz filho pra casa igual suas duas irmãs, eu mesma, eu tinha futuro, eu fiz magistério, mas fui atrás de amor, olha no que deu, me perdi, eu tinha sonhos, agora só tenho desgosto, olha pra mim, nem sei quem é teu pai, olha a filha da maria do toco, fez bom casamento, tá morando na cidade, cidade, apartamento bom de dois quartos, é glicério mas é cidade, outro mundo, outra gente, outra vida, visita o marido uma vez por semana na cadeia, leva o jumbo e o resto do tempo fica sozinha no conforto, sozinha, e olha que já tinha feito três abortos, o último com cabide, perfurou o útero, eu mesma que socorri, senão morria, mal-agradecida, nunca me convidou pra tomar um café na casa dela, mas não quero mal, fico feliz que deu certo na vida, vê se usa a cabeça que nem ela, puta burra morre gorda, solteira e cheia de filhos, conselho eu dou, se dependesse de mim elas estavam arrumadas na vida, mas vai pela cabeça dos outros, pensa com o coração, canso de dizer, coração não sustenta ninguém, coração não põe pão na mesa, homem bom não é homem bonito e cheiroso, homem bom é homem com dinheiro, porque quando a gente fecha o olho é tudo a mesma merda, tudo a mesma bosta, só quer subir em cima da gente e gozar, nem se importa se a gente tá gostando, são tudo egoísta, tive um homem que torcia o bico do meu peito que parecia que estava mudando a estação do rádio, um idiota, mas eu gostava dele, a de 16 anos ficou grávida no baile, agora me fala, o que um cara que conheceu em baile vai dar pra ela, pega o leite da menina no posto, fica o dia inteiro em casa fazendo e desfazendo unha, parece que a mão e o pé tem cinquenta dedos, nunca vi arranjar tanta unha pra passar esmalte, aí o vagabundo vem ver a menina e traz uma merreca de dinheiro, pega a menina meia hora no colo e ela se arreganha toda, sai, transa de graça e volta com vidro de esmalte, vidro de esmalte não enche barriga de ninguém, não vai cheirar esmalte, que não criei filha pra ser drogada, olha a profissão do infeliz, entregador de pizza, entregador de pizza não dá futuro pra ninguém, e o dia que ninguém quiser pizza, vai fazer o quê? nada, nunca estudou, nem o ginásio terminou, um inútil, a outra eu não gosto nem de falar, que me dá raiva, duas menina, dois pais diferentes, uma branca e outra preta, só falta ter uma japonesa, se tivesse era bom, pelo menos a gente comia pastel de graça, eu falo pra essa, olha tuas irmãs e aprende, olha pra mim e aprende, olha pra tua avó e aprende, olha tuas tias, tudo fodida, tudo ferrada, é isso que você quer ser? quer ser mãe solteira? ser mãe solteira é bonito em artista de televisão, mas você, você não é artista, não estudou, não gosta de trabalhar, não vai ser porra nenhuma, então, se vai dar, dá bem dado, dá pra um trouxa que te dê futuro, não adianta ir em bailinho vagabundo e pegar noia, quer ser mulher de vagabundo, faz igual a filha da maria do toco que se enroscou com o dono da biqueira.

## rampa

ficava todo mundo ali embaixo daquela rampa, ali era nossa casa, de vez em quando aparecia alguém pedindo abrigo, a gente não dava, não, colocava pra correr, acha? tanto tempo que a gente levou pra achar um lugar pra morar, vem qualquer um e acha que é assim, vai chegando e vai morando na boa, depois se sente dono, não, cada um que ache seu canto, aqui a gente é tudo unido, se tem que passar fome, a gente passa junto, se tem que beber até cair, a gente bebe junto, se tem que roubar algum migué, rouba junto e se precisar a gente assume o b.o. junto, união é fundamental pra gente, ninguém aqui é vagabundo, não, tem de tudo, até engenheiro tem aqui, tudo vivendo na paz, o povo que passa percebe, vê que a gente é bem vestido, que a gente é educado, aí até se anima de falar com a gente, teve até moça bonita que já se engraçou com um camarada boa pinta daqui, passou uma noite aqui e tudo, dormiu no papelão e saiu feliz, voltou outras vezes, depois sumiu, teve viado que trouxe cachaça e maconha pra gente fazer o trampo nele e deu uns trocado depois, a gente não tem preconceito. tem de tudo aqui, tem gente que até gosta do nosso cheiro ruim, e tem os que olha pra cara da gente com nojo, como se a gente fosse lixo, esses são quase todos, esses são a maioria, o povo da prefeitura mesmo quando cisma de aparecer pega nossas coisas com nojo e joga tudo fora, depois enche o lugar de cloro, eu mesmo às vezes fico com nojo de mim, a gente sabe que o cheiro da gente é diferente, a gente sabe que o nosso cheiro é o mesmo de muquifo, cortiço, sabe cascão? cascão que fica grudado na pele e que mesmo que a gente raspar com caco de telha não sai, eu me sinto assim, às vezes eu penso que o nosso cheiro vem das porcarias que a gente come, vem de dentro, comida misturada com cachaça, dente sem escovar, corpo lavado sem sabão, com sabão de louça, com o que tiver, um cheiro que sei lá, fica na boca, no peito, nos braços, fica em tudo, às vezes eu consigo sentir o cheiro de podre do meu arroto, mas não é um cheiro que vem de mim, é um cheiro que vem do mundo que entra em mim, e eu fico colocando pra fora de pouquinho em pouquinho, na respiração, na bosta, na porra, em tudo, é um cheiro que não sai, mesmo se eu passar perfume o cheiro vai continuar, eu sei, eu sinto, as pessoas também percebem, elas têm medo do nosso cheiro, quando elas me dão os restos delas, elas nem se aproximam direito, elas esticam só o braço, estica e tira rápido, como se alguma coisa muito ruim pudesse pegar nelas, como se o cheiro dos restos delas pudesse voltar, mas não volta, ficam em mim, eu não ligo mais, não me importo mais, cansei de me importar, o que me importa é o que elas têm pra me dar, e elas sempre dão alguma coisa, amor, piedade, nojo, repulsa, ódio, a gente recebe tudo aqui, a gente ganha de tudo aqui, muita gente dá roupa, roupa boa, às vezes umas porra que não serve pra nada, cueca usada, sapato roto, meia furada, roupa de quem tá vivo, roupa de quem morreu, a gente aceita e agradece, vai que essa pessoa uma hora volta e dá uma coisa que presta, a gente é grato por tudo, gratidão corta o coração de qualquer um, por isso mesmo que a gente aceitou as duas mulher com criança, criança deixa qualquer um com coração mole, criança e cachorro, tem gente que coloca bandeco pro cachorro e vai embora, eu já fiquei com tanta fome que tive que dividir comida com o cachorro, vêm os evangélicos que acha que a gente gosta de ouvir ladainha de igreja, porra, da igreja a gente só gosta de vinho, mas a gente fica olhando e fazendo de conta que tá gostando, de vez em quando um cisma de tirar espírito da gente, de mim mesmo sempre tiram, eu fico rodando, me jogo no chão e fico me entortando, os cara fica rodando a cabeça da gente, roda, roda, roda, claro que dá uma malemolência e a gente cai, não tem como um sujeito não ir pro chão, um monte aqui já foi, e eles ficam gritando pro demônio sair: "sai do corpo dele, satanás, abandona esse corpo, Exu, sai, maligno", uma pataquaiada dos inferno, depois a gente levanta e eles perguntam se tá mais leve, se tá melhor, claro que tá, qualquer imbecil que se esborrachou no chão quando levanta tá melhor, e é aquela história de glória, glória a Deus, e falam em línguas, uma patifaria de glória, glória, aleluia, o bom é que depois vem comida, sanduíche, sopa, panetone vencido, e eles voltam sempre, tem uns que vêm toda quinta, tem uns que aparecem do nada, tem os que vêm uma vez por mês e os que vêm de quinzena, parece coisa de diarista que vem com dia marcado, mas teve esses que vieram uma semana direto, todo dia eles estavam aqui, vieram aqui, depois foram numa marquise que tem mais pra lá, fizeram caridade pra danar, era meia-noite eles chegava, fazia tanta pergunta que parecia que tava escrevendo um livro, se ofereceram até pra adotar as criança, tá que a gente vai dar as criança, com elas a gente ganha mais coisa, criança é bom pra pedir dinheiro, até que ontem eles vieram com mais gente, sempre vinha em oito, nove, mas veio em uns vinte, a gente ficou tudo ouriçado, quanto mais gente, mais benefício e mais comida. chegaram bonzinhos, a cara era de bondade, mas o coração tava espinhoso, sangue no olho, fogo nas mãos, e foi o fogo das mãos deles que fez essa desgraceira, tudo no silêncio, sem barulho nenhum, o único barulho que dava pra ouvir era dos gritos de dor de quem caía, uma desgraceira tão grande que eu nem gosto de olhar pra não lembrar, nem sei como eu sobrei, acho que, sei lá, do nada, fizeram essa merda e foram embora, mas eu vi o rosto deles, eu lembro do rosto de cada um deles, o rosto deles eu nunca vou esquecer.

## bandeco

— ela está atrasada.

— toda mulher se atrasa.

— mandou ela vim asseada e cheirosa? asseada por inteiro, tudo limpo e lavado?

— ela sabe que tem que vim.

— ela está muito atrasada.

— deve estar se preparando.

...

— brincou, né, vagabundo, você é sem noção, parece que não sabe com quem tá falando, não vou usar essa merda, comigo é no pelo, tá pensando que me dá ordem, quem você acha que você é, seu verme do caralho?

— minha irmã é casada, mãe de família, não pode chegar em casa com zica de cadeia.

— não vou usar, essa porra me brocha, quero fazer menino na tua irmã.

— foi o combinado.

— o combinado foi você pagar sua dívida, seu vacilão.

— a minha irmã não tem culpa disso, ela vai fazer esse lance pra eu não morrer, ela nunca fez isso, é mulher séria.

— tua irmã pode tá coberta da cabeça aos pé com uma bíblia na mão, o olho dela entrega, eu olho uma mulher no olho e sei se é rapariga. a primeira vez que sua irmã me cumprimentou, eu percebi. tive que apertar a mão dela pra parar de tremer, no princípio pensei que era nervoso, porque ela ficou vermelha e sem graça, até abaixou a face, mas, quando cheirei a minha mão, senti um cheirão de perfume de quenga, mulher séria, distinta mesmo não usa perfume pra colar na cadeia, a mãozinha perfumada dela é instiguinha de vagabundo, convite pra castela. mulher séria? mulher séria não aceita ser currada por três vagabundos dentro de um barraco na cadeia pra saldar dívida de irmão noia. você não é do crime, você é noia.

...

— tua irmã é como quase toda mulher de vila que eu conheço, gosta de vagabundo, mulher gosta de vagabundo, casa com almofadinha mas gosta mesmo é de vagabundo, a tua irmã tem a fantasia sexual de dar pra ladrão, mulher pode ser séria o que for, mas, quando vem pra esse lugar e vê algum vagabundo que gosta, desanda na hora, acha que eu não percebi a sua irmãzinha cruzando as pernas toda desaprumada enquanto me olhava?

— mas ela não pode levar doença pra dentro de casa, tem dois filhos pequenos, custa usar?

— custa. eu gosto no pelo, e os caras também, os caras não falam outra coisa desde ontem, o moringa e o fala fina dividiram uma cartela de azulzinho, a cabeça do moringa chega a tá estourando.

...

— a hora que o fala fina pegar tua irmã, ela tá fodida, vai urrar feito bicho, pode ter certeza que a evangélica vai chamar tudo quanto é santo. grande fala fina, pau de cavalo e voz de menina, mas relaxa que ele vai ser o último, a gente vai dar uma laceada nela antes, ele vai no sopão mesmo, lugar que ele entra fodeu, vira túnel, ele vai acabar com as parede do cu da crentinha, vai abrir uma estação nova do metrô, estação vem Jesus que aqui tem.

— o baguio não é zoado assim, ela é minha irmã, porra, mulher decente, ela nunca teve outro homem além do meu cunhado, ele foi o primeiro namorado dela.

— então tá na hora de ter outros, conhecer coisas diferentes, seu cunhado deve ser aqueles maridos que chegam cansado do trampo e fode a tua irmã de ladinho, ela deve sentir falta de um homem que trate ela feito mulher.

— o marido dela é pastor da igreja.

— deve de tá necessitada, ele só deve foder para fazer criança.

— ele é um servo de Deus, e ela também.

— vai querer o quê? que eu leia o salmo ou reze o pai-nosso quando estiver gozando?

— usa, pô... eu fico em dívida com você, por nada, não, é que vocês estão cheios de zica.

— e você não, mané? você dá o cu até pra travesti nessa merda em troca de filete de cocaína. para com essa merda que cê tá a mais, tá me enchendo o saco, porra!!! cadê a vaca da tua irmã? tá atrasada essa piranhinha de Jesus.

— deve ter tido que resolver alguma coisa... tá chegando...

— vou te dar meia hora, seu seguro de merda, meia hora. entendeu? meia hora, se a tua irmãzinha não chegar, você morre, seu comédia.

— e se eu virar a mulherzinha de vocês na cadeia? lavo coruja todo dia, arrumo o barraco dos manos. a gente pode chegar num acordo, eu sempre chego num acordo.

— reprimo. desandão do caraio, você acha que eu vou trocar uma evangélica com a xoxota peludinha por uma miséria que nem você? passei a noite pensando na sua irmã, ela não vai sair daqui do mesmo jeito entrou, vai ficar sem sentar um mês, não tem buraco que eu não vou entrar.

— eu posso favorecer a cadeia com o meu de trás.

— isso você já tem feito, maluco, sempre fez, o teu rabo serve pra isso mesmo, mocozar os lance da cadeia, já vi sair três biriri do teu cu.

— deselegante da sua parte, aquilo foi caso de vida ou morte.

— caso de vida ou morte o caraio, aquilo foi pagamento de dívida. conheço bem a tua micha, seu rato, você é puto de cadeia, todo mundo conhece tua caminhada.

— eu decaí quando cheguei aqui, eu era outro no mundão, não sei o que aconteceu comigo.

— você sempre foi essa merda que você é... e cala essa boca que você está me enchendo o saco. Se a tua irmã não chegar em dez minutos, vai pro barraco vai fazer uma tereza e vai se enforcar.

— eu não tenho coragem.

— prefere o que, safado? prefere que os irmão faça o serviço com você? seja sujeito homem, ninguém tá afins de por a mão em você, não, seu porco, o único sangue que eu quero colocar a mão hoje é no sangue que vai esguichar do traseiro da tua irmã.

— você vai usar camisinha?

— já disse que não, é contra os meus princípios.

— e se a minha irmã engravidar?

— problema dela, tira, joga na valeta.

— ela é contra, a palavra de Deus não permite que se tire vidas.

— então fala isso pra Deus e pergunta por que Ele mandou tanta gente pro saco em troca de porra nenhuma. taí um cara que admiro, fodeu gente pra caraio, acabou com a vida de uns par, mas pra cada um Ele deu uma morte diferente, ninguém pode dizer que o cara era psicopata, ele não tinha padrão, é como dava vontade. nunca ouviu falar na vontade de Deus? pois é, Deus tem vontade, todo mundo tem, você tem e eu também tenho, mas a sua vontade não conta, o que conta é a vontade de Deus e a minha, a vontade de Deus sempre foi encher o mundo de gente, tá escrito, e a minha é foder a tua irmã até saber que foi feito um nenê, se ela engravidar, nóis cuida da criança, consequência do ato, mas relaxa, já que você está tão preocupado com a sua família, na hora de gozar, eu gozo no cu ou na boca dela. tá bom assim?

— tomara que ela não venha.

— se ela não vim, cê morre, jão, cê morre, seu arrombado, num tô brincando com você, não, vacilão do caralho.

...

— quero ver como a sua irmãzinha vai ficar depois que souber que podia ter livrado a barra do irmãozinho, vai ficar com tanto remorso, vai querer fazer visita íntima pra cadeia inteira como penitência, vai entrar em tudo quanto é barraco e já ficar de quatro na jega esperando os manos fornecer leite pra ela, vai virar a quenga da cadoca, vai tá muxibona, mas comparecendo.

— minha irmã é mulher séria, deve ter se arrependido, vou fazer o que tenho que fazer logo, é melhor.

— tá querendo me tirar de otário, né, ganhar tempo, vai se enforcar, sim, mas antes vou quebrar seus braços, suas pernas, vou te socar porrada até você ficar deformado, ninguém vai te reconhecer a hora que você for achado no barraco.

— ela vinha, deve ter mudado de ideia, mulher séria, mãe de família, serva de Deus.

— tua irmã não é serva de Deus e muito menos mulher séria, se fosse não vinha pra cá trazer jumbo pra você a cada quinze dias, não ia passar pela humilhação de pagar canguru pra entrar nessa merda.

— ela é séria.

— tua mãe era mulher séria, senhora distinta, tinha dó dela, lembro da sua mãe vindo te visitar e fazendo oração pra todo mundo que precisava, ela já me falou umas coisa tão bonita que tocou aqui, ó, respeitava ela, que Deus a tenha, mesmo doente ela vinha, vinha capengando, mas vinha, não deixava você na mão, agora, tua irmã, vadia, tchola...

— se ela fosse isso, já tava aí, ela sempre falou que isso aqui não é lugar pra ela, se sentia humilhada vindo aqui, no fundo prefiro morrer, não quero que ela venha, não quero tirar a dignidade da minha irmã.

— sua mãezona do caralho, puto, sabe o que eu queria fazer com você ? o mesmo que eu vi num filme americano, nesse filme, um cara todo tatuado com aquelas cruzes estranhas daquele cara que matou um monte de judeu vai pra cadeia depois de matar dois preto que tentam roubar o carro dele. numa cena do filme, ele pega um cara, faz deitar no chão, faz abrir a boca na sarjeta e pisa com o coturno no pote do cara, eu nunca senti tanto prazer vendo uma morte, eu ouvi o barulho dos ossos da boca se quebrando, que morte linda, eu queria fazer o mesmo com você.

...

— se ela vim, vem pela minha vida, sem não vim, tanto faz, eu já tô morto mesmo.

neste exato momento ouve-se o estrondoso barulho da porta de ferro se abrindo, é essa porta... chamada de gaiola, se abrindo, é essa porta que divide o lado de cá do lado de lá, é por ela que entra o jumbo, mas também entram as notícias, as lágrimas, o desespero dos que vêm, levando a dor e o ódio dos que estão.

— merda, merda, merda. merda das merdas, ela não devia ter vindo.

— linda, o perfume dela chegou aqui, esse cabelo que parece a crina de uma égua, faz anos que não vejo uma cavala dessas, hoje o meu menino vai fazer muita flexão na academia, sobe, desce, sobe, desce. caralho, estou quase gozando só de olhar. gozei, porra, eu gozei.

— então com você a dívida está paga.

## por quê, porque, porquê, por que

a TV vai ficar no mudo, ninguém precisa ouvir notícia ruim, ver já tá bom, só prestar atenção que dá pra entender, se a pessoa tá cantando, só pensar no som, surdo não ouve e dança, eu vi isso no programa da televisão, e dança bem, cachorro não entende o que a gente fala e obedece, com vocês vai ser igual, não quero um pio, não quero ouvir cadeira rangendo, se achar alguma coisa engraçada, tapa a boca pra rir, vão aprendendo a calar a boca, porque quando vocês for trabalhar vai ser assim, quando casar vai ser assim também, quando não gostar do que o marido tá fazendo, vai ter que suportar calada, quando não suportar os problema da mulher gritando, vão ter que ficar calado pra não perder a cabeça, fazer merda e ir pra cadeia, o mundo é assim, uns mandam, outros obedecem, uns falam e outros baixam a cabeça, eu baixo a cabeça o tempo todo, o único lugar que eu posso falar é aqui, então vocês têm que me aguentar, o pai de vocês tem que me aguentar, vocês já tão crescendo, é bom saber como é a vida, hoje vai ser assim, nem barulho de respiração quero ouvir dentro dessa casa, barulho de respiração me incomoda, a respiração de vocês me incomoda, vocês respiram feito bicho fazendo barulho, porco é que respira assim, vocês me irritam, tudo calado, não quero ouvir o barulho de uma mosca dentro de casa, às vezes eu tenho vontade de ir embora e deixar vocês aí pra quem quiser cuidar, acha que é fácil ser mãe de vocês? não é, odeio quando vocês falam essa palavrinha, mãe, mãe isso, mãe aquilo, vocês só me trazem problema, vocês só me dão problema, vocês não sabem fazer nada sozinho, vocês são tudo inútil, por isso que o pai de vocês inventa de trabalhar de domingo, porque não quer ficar em casa, porque quer ficar em paz, porque prefere ficar cansado aguentando gente estranha do que ouvir a voz imunda de vocês, eu só não mato vocês porque se eu fizer isso eu vou presa, eu vou pro inferno, e o capeta é bem capaz de mandar vocês junto comigo no inferno pra fazer terror, pra me atormentar com a voz irritante de vocês. eu só fico em paz quando tem aula, quando tem aula eu fico tranquila, consigo até respirar, vocês me tiram tudo, até o ar vocês me tiram, eu já falei pra professora de vocês, se der problema pode bater, pode descer a lenha, pode bater mesmo, nem precisa me falar, e nem vocês, ninguém precisa me falar nada, eu quero silêncio, eu gosto de paz, não quero reclamação, falei com a professora, com a diretora e com a inspetora, mas essa mulherada é tudo mole, se fosse eu descia a pancada sem dó, descia mesmo, e queria ver pai reclamando, eu mandava levar embora e cuidar, o seu filho presta, leva pra casa e cuida você, é isso que eu ia falar, não ia aguentar filho de ninguém me atormentando, não dou conta nem dos meus, eu não dou conta de vocês, a professora não, professor estuda pra isso, pra ter paciência, é pra isso que professor estuda, o trabalho dos professor é educar, a professora se quiser que eduque vocês, o governo se quiser que eduque, na hora que eu quis tirar não pude, não deixaram, pois eles agora que deem conta, educar vocês agora é obrigação do Estado, da prefeitura, eu votei neles pra isso, o governador se quiser que eduque, o prefeito que eduque, o presidente que eduque, eu já fiz o favor de deixar nascer, coloquei no mundo, fiz o que era pra fazer, segui os mandamentos de Deus, multipliquei, somei, diminuí quando morreu um no parto, fiz de tudo, todas as contas eu fiz, fiz minha obrigação, falei isso pra professora, falei no posto de saúde, falei pra assistente social, falei pra quem quisesse ouvir, se ouviu, ouviu, se não quis ouvir, problema de cada um. se alguém aqui reclamar que a professora brigou, que a professora colocou de castigo, que a professora bateu, apanha duas vezes, apanha lá e apanha aqui, e, se eu souber que um de vocês cabulou aula, eu encho de pancada, não vou perder o dinheiro do governo por causa de traste de filho nenhum, não vou, a escola é a segunda casa de vocês, por mim podia ficar lá o dia inteiro, o dia todo, podia vim só pra dormir, eu não ia sentir falta, eu quero paz, já trabalho, cuido da casa, sou mãe, mãe, entenderam? sou mãe, não sou empregada. se tivesse aula hoje, eu não precisava fazer almoço, mas não tem, isso prejudica as famílias, essa gente quer moleza, pra que folgar sábado e domingo, ninguém quer saber de trabalhar, não, agora me fala, folgar sábado e domingo pra quê? não estudou pra isso? não gosta do que faz? tem que ensinar, educar, depois fala que tem marginalidade, claro que tem, as criança fica tudo largada, tem que educar, a escola tem que abrir todo dia, sem estudo essa criançada vai ser o quê? nada. vai tudo virar marginal, e a culpa é de quem? do governo que coloca esses vagabundo pra trabalhar, eu falo pra vocês, tem que estudar pra ter vida boa igual professor, pra ganhar bem igual professor, todo professor ganha a vida no bem-bom, entra, coloca uma liçãozinha na lousa, fica sentado esperando os aluno copiar, quando tá com preguiça faz um ditado, toma tabuada, faz chamada oral, quando tá com mais preguiça ainda faz prova surpresa pra ferrar os aluno e mostrar quem manda, e depois coloca a mão na dinheirama, olha aí, e ainda folga sábado e domingo, tem férias no começo, no meio e no fim do ano, isso quando não tem esses feriado prolongado que prejudica a paz das família, quer dizer, o governo paga essa cambada pra ser vagabundo, porque nem educar as criança eles querem educar, a vaca falou outro dia que quem educa é a família, que a obrigação da escola é transmitir conhecimento, transmitir conhecimento a televisão faz, o rádio faz, sexo mesmo, aprende na rua, vai dizer que a professora vai levar uma cama na escola e ensinar como transa, não ensina, não ensina nada e ganha bem, não vejo um professor que não ganha bem, todos ganha bem, pode ver, todos têm carro, dá aula em um monte de escola, sai de uma e vai pra outra, parece mutirão, todo mundo sabe disso e ninguém faz nada, agora a gente não pode ter emprego em dois lugar, não pode, eu só tenho um emprego, não tenho carro, pego ônibus lotado todo dia, gente fedida, não tem perfume e desodorante que vence a catinga debaixo do braço dessa gente dentro da condução, agora vê professor, trabalha em vários lugar, mas nunca tá fedido, tá sempre bem vestido e cheiroso, por quê? porque anda pra cima e pra baixo de carro, agora fazer o trabalho direto não faz. não faz, não educa, eu educo, eu educo e ainda ensino, e agora estou ensinando como se deixa uma pessoa em paz, quando se cala a boca, quando se fica em silêncio, quando não se retruca, quando não pergunta por que tem que calar a boca, por que tem que me deixar em paz, por que tem que deixar tranquila, por que eu não quero matar um de vocês, por que a porra da professora não ensinou vocês a fazer silêncio.

## todo dia é assim

o tavinho correu, eu não consegui correr. eu não consegui me defender. sempre foi assim, a vida toda foi assim.

quando eu era criança, minha mãe dizia que no final dos tempos as pessoas iam ser identificadas pelo sinal da besta, com certeza na minha testa também deve ter a porra de um sinal. tenho a impressão que está escrito “viado” com letras bem grandes na minha testa.

há um tempo atrás no meu trabalho, a copeira disse que eu era um desperdício. engraçado que ela falou isso como se fosse um elogio. o que eu ia falar pra ela? aqui não se desperdiça nada, eu sou igual boi, do boi se usa tudo, até o rabo.

um dia meu pai me levou num puteiro, eu tinha 12 anos, com 12 anos ele me levou pra um puteiro, eu era inocente, não sabia nada da vida. eu só sabia que homens usam calça, mulheres usam saia, homens usam azul, mulheres usam rosa, foi assim que eu fui criado, eu e um monte de gente. eu não sabia o que era uma puta, eu não sabia o que era viado, eu ouvia todos os meninos me chamando de bicha, veado e mariquinha, mas eu não sabia o que era. e eu, um menino de 12 anos, fui levado pelo meu pai pro puteiro. ele me colocou na frente de um monte de mulheres, loiras, pretas, brancas, magras, gordas, novas, velhas, vestidas, quase peladas, e mandou eu falar qual eu gostava mais, eu olhei a roupa que achei mais bonita, — aquela ali — eu falei, era uma moçona preta com flores no cabelo, a roupa dela era a mais bonita, por isso eu falei que gostei dela. ela me pegou pela mão e foi me puxando, meu pai só olhou e disse, faz meu menino virar homem. ela tirou a roupa, depois ela tirou a minha roupa e socou o meu rosto no meio das tetas dela, e socou a teta dentro da minha boca, e eu vomitei, eu vomitei na mulher bonita, e ela toda vomitada me empurrou de volta pra o meu pai, e ainda disse: seu filho tem nojinho, acho que ele não gosta. até hoje, quando lembro, ainda ouço aquela puta falando "seu filho tem nojinho, acho que ele não gosta".

ele me deu uma surra na frente da puta. "eu nunca mais vou colocar minha cara no meio de nenhuma teta. tetas me fazem vomitar, tetas me fazem apanhar, tetas vão me fazer passar vergonha, tetas vão me fazer ser humilhado".

eu não vou no médico. se o tavinho ligar nem vou conseguir falar com ele, vou ficar com vergonha de não ter conseguido fugir. bem feito pra mim. quem mandou agir feito um adolescente? eu mereço levar na cara, vontade de dar na minha cara e falar, acorda, cara, você é um homem, não é um adolescente apaixonado que perde a razão. sabe essas pessoas que não podem ver um mico que já querem pagar? eu sou aquele que não pode ver uma bala disparada que corre pra levar o tiro.

parece que esses donos da verdade vivem de campana, só esperando um vacilo, só esperando alguma coisa que não concordam. é preto, nordestino, árabe, mulher, viado, refugiado.

daqui a pouco vai aparecer o meu vídeo apanhando na internet.

saravá, aleluia, namastê, anauê, evoé, shalom, amém. templo, terreiro, encruzilhada, abadia, catedral. reza, oração, louvor, atabaque, hinário, agogô. oferenda, dízimo, envelope, coador. carrapicho, camomila, levante, sal grosso, xô, quizila. credo de trás pra frente, pai-nosso, prostra o joelho no chão e faz vigília até sangrar, faz jejum, bate cabeça e firma ponto, que a cura não vai tardar. espada de são jorge, levante, guiné, pila tudo, até esse nó maldito desatar. ejé, dendê, olho de bode, codorna, toco preto, paturi, galinha de angola, sacrifício, assentamento, saudação, e um pouco mais de obrigação. pede agô, vira no giraia, ervas sagradas, folhas de orô, arrebenta a sapucaia. sharamanaia, xarabacaia, labaxuriacantarramás, afasta desse jovem o satanás. jurema, jureminha, samambaia, capim-limão, firma em  Oxóssi, okêe arô, Oxóssi é caçador, dispara a flecha, e criu, criu, criu, insista, menino, você é um homem viril. Nossa Senhora, São José, freud, reich, lacan. pai-nosso, ave-maria, kaô kabecilê, êpa babá, Jesus meu são cristinho, Exu é mojubá, macera essa vontade que tenho de dar. caracu com ovo de pata e amendoim, junta tudo no caldeirão, mexe até desaparecer, e enquanto mistura, pede: tira esse desejo de mim.

tudo, menos ter um filho viado. viado é promiscuo, viado molesta criança, viado morre de aids.

me levaram pra um porão escondido bem no fundo da igreja que fazia a cura gay, parecia um hospital, todo pintado de branco, me colocaram sentado no meio, um monte deles sentaram em volta, parecia até que eu era um famoso que ia ser entrevistado, perguntaram se eu sabia por que estava lá, eu não sabia, mas eles sabiam, meu pai sabia, minha mãe sabia, todos sabiam, menos eu. eu estava lá pra ser salvo do inferno, pra aceitar Jesus, pra me afastar do pecado, pra não entrar na vida imunda que satanás estava me oferecendo, que isso podia causar sofrimento e vergonha no início, mas que depois eu ia agradecer por isso, eu ia ser um servo de Deus.

levítico 18, versículo 22, leram, releram, e pediram pra eu ler, e me fizeram decorar, e me fizeram repetir, e repetir, repetir. "com homem não te deitarás como se fosse mulher; é abominação. se também um homem se deitar com outro homem, como se fosse mulher, ambos praticaram coisa abominável; serão mortos". você sabe o que é abominável?

não, não sei. “abominável, execrável, é todo homem que faz coisas que vai contra os princípios de Deus. homem não usa roupas coloridas, homem não raspa perna nem sovaco, homem não tira os pelos, homens não usam costeletas, homem não usa camisetinha baby look, não vai em shopping, não dança, não faz yoga, não vê novela, homem não chora, homem não acha homem bonito, homem não sente vontade de beijar homem, homem não beija homem, homem não abraça homem, homem não deita com homem, homem que faz essas coisas que vão contra as leis de Deus é abominável, homem que faz essas coisas é execrável, homem só faz coisas de homem, homem que faz coisas que envergonham a família, que afrontam e envergonham Deus não é digno de viver. entendeu? repete: “se eu me deitar com homem como se ele for mulher, estarei pecando, e se eu me deitar com um homem como se eu for mulher, também estarei pecando; serei castigado e morto por Deus, serei arrastado para as labaredas do inferno”.

sabe quando você se sente culpado e com vergonha por ser o que você é? qual das bonecas é a mulher? raça maldita, toma vergonha na sua cara e vai dar neto pra sua mãe, pederasta do caralho, morre, viado, morre, filho da puta, morre, desgraçado, eram uns três ou quatro, vieram do nada. ninguém fez nada, ficaram preocupados em filmar. "ninguém bate em ninguém por nada", "deve ter xavecado os caras", "com certeza não se deu ao respeito", "é o tipo de gente que pede pra apanhar". só uma senhorinha se importou, tirou a blusa, tentou limpar meu sangue, perguntou se eu queria ir pra casa dela, que ela cuidava de mim. olhei aqueles olhos embaçados, e fiquei pensando quanta dor tinha guardada ali, quantos tapas, quantas rasteiras, quantos nãos.

o seu roberto não me reconheceu, não queria me deixar entrar, quando viu que eu era eu, perguntou, só apanhou ou bateu também? só apanhei, seu roberto, eu só aprendi apanhar, eu não aprendi bater.

## salve, veinho

salve, veinho! satisfação em ver sua pessoa, tem benefício pra você na porta da sua residência, duas cestas básicas, uma pra você e outra pra sua coroa, que nóis tá a par que tá passando dificuldade. coisa fina, hein!!! material de primeira linha, classe "aaa", tem até marmelada e uva-passa branca. a gente tá ligado que você é trabalhador, cidadão correto, então já adianto, pode pegar com a consciência limpa, nóis fizemo o trampo na suavidade, não teve violência com ninguém, piloto saiu intacto, cara gente fina, de primeira estância, já foi honesto com nóis, disse que tava armado, mas que não ia tomar atitude que prejudicasse a pessoa dele, entregou o cospe-fogo, na sequência, o biriri, e pediu pra não fazer nada que deixasse os meninos dele sem pai, que entendia nosso propósito e que não ia atrasar nossa caminhada.

sujeito visão, deve tá acostumado a passar por isso, usou de inteligência, não entrou numas de querer ser herói e fazer uma pra patrão arrombado e filho da puta que só esfola trabalhador.

se propôs de livre e espontânea vontade de levar a carreta pra um lugar adequado, e ajudou os parceiro a retirar a carga.

liberamo ele sem nenhum arranhão, papo reto, pode botar fé, você conhece a minha pessoa e sabe que eu sempre chego com a verdade.

o genésio, aquele da casa de tijolinho que tem o telhado feito de lata aberta, meteu o louco, disse que não ia querer, que não aceita mercadoria de contravenção, que é contra os princípio dele. depois que viu que eu fiquei cabreiro, veio com papinho de que é servo de Deus, e que essa prática foge dos propósito de Deus.

desde quando Deus quer ver os filho dele passar necessidade? Deus é bom.

Deus é bom, veinho, Deus é bom.

acha que não tô ligado? arrogante do caraio.

groza! masseiro da porra. tem um monte de irmão da igreja dele que aceitou.

não confio nesse cu de apertar linguiça, eu sei que você é amigo do filho dele, então já vou mandar o papo, e você joga a merda no ventilador da casa dele, se quiser. o seguinte, veinho, se os gambé colar na quebrada e ficar ameaçando a comunidade pra saber quem foi que parou a carreta, nóis vai saber que foi ele que abriu o bico. tô ligado que ele é um cagueta do caraio, esse arrombado.

bom, é isso, se der merda, a chapa vai esquentar pro lado dele, ele que fique na dele, que comigo é poucas ideia.

tô sabendo que em outros tempo ele era x9, chegou a delatar o próprio filho pros bico, ninguém foi de acordo com a atitude errada que ele teve, mas os irmão entraram em acordo e engoliram o papinho de pai desesperado, aí passaram um pano e ficou por isso mesmo.

mas agora, não, agora quem tá no comando dessa porra sou eu, e comigo é diferente, comigo a ideia é outra.

papo é reto, ou tá com nóis, ou corre de nóis.

## cara de homem

cara de homem não se bate, meu pai e minha mãe falavam, falavam toda vez que eu e meu irmão brigava sem limites.

naquele dia minha mãe tinha ido pra igreja, meu pai levou eu e meu irmão pra tomar sorvete, eu, meu pai e meu irmão estava na rua, os três com sorvete na mão, feliz, a gente estava voltando pra casa, um carro grande preto e branco parou, os homens que estavam dentro do carro saíram com revólver na mão, um dos homens com revólver na mão gritou "encosta aí, espertão", meu pai ergueu a mão, meu irmão ergueu a mão. o sorvete do meu pai caiu no chão, o sorvete do meu irmão caiu no chão, eu não levantei a mão, o meu sorvete não caiu no chão.

no carro, tinha quatro homens com arma na mão, os quatro homens com arma na mão gritaram com meu pai, os quatro homens com arma na mão gritaram com meu irmão, meu pai não gritou com os quatro homens com revólver na mão, meu irmão também não gritou. meu pai ficou quieto, meu irmão ficou quieto.

os homens com revólver na mão falaram que era pra eu chupar o meu sorvete e não olhar pra trás, que era pra eu ficar sentado na sarjeta. mas eu olhei.

os quatro homens com revólver na mão deram uns tapas na cara do meu irmão, deram uma rasteira no meu irmão. o meu irmão caiu no chão, um dos homens com revólver na mão pisou no meu irmão, e mandou o meu irmão ficar quieto, o meu irmão ficou quieto, o meu pai estava vendo tudo e ficou quieto.

o meu pai ficou quieto, o meu irmão ficou quieto, eu fiquei quieto, a rua estava quieta, mas os homens com revólver na mão estavam nervosos e com raiva.

o homem com revólver na mão deu vários tapas na cara do meu pai, depois deram vários socos na barriga do meu pai, o meu pai caiu, e eu fui cuidar do meu pai, os homens com revólver na mão me tiraram e mandaram eu ficar quieto e chupar o meu sorvete. os homens com revólver na mão estavam com tanta raiva que nem perceberam que meu sorvete tinha acabado.

os homens com revólver na mão deram vários chutes no meu pai.

os homens com revólver na mão deram vários chutes no meu irmão.

meu irmão gemeu quieto, meu pai gemeu quieto, meu irmão não fez nada, meu pai não fez nada, nenhum dos dois levantou.

acho que eles estavam doendo muito, porque meu irmão estava chorando.

os homens com revólver na mão falaram um monte de coisas gritando e disseram que iam voltar pra pegar o combinado.

os homens com revólver na mão falaram: "entendeu, vacilão?", entraram no carro e foram embora.

eu levantei e fui cuidar do meu pai e do meu irmão, eles estavam mesmo bem machucados, tinha sangue no rosto deles, eles estavam fazendo careta, acho que estavam doendo bastante, eu falei pro meu pai e meu irmão chamar a polícia, mas meu irmão disse que os homens com revólver na mão eram a polícia.

quando crescer, não quero mais ser polícia.

## veneno

tô nem aí, vou sair 3 horas, só vou avisar, tô saindo, se encher o saco, tô nem aí, poucas ideia, quer mandar embora, manda. cansei de ficar implorando, mentindo, dando atestado, tô de saco cheio desses arrombado, vou meter marcha, tenho que fazer dinheiro, minha coroa tá precisando, vou deixar minha coroa na mão? vou nada. minha coroa em primeiro lugar. vou dar um trampo na rua de baixo da firma, tem uns bar de playboy que sai da facu e fica lá entornando o caneco. já tô com a mercadoria aqui. só caio fora quando vender tudo. você vai colar comigo nessa operação? meio a meio, parça, nóis tira o gasto e divide os lucro, mas sem essa de encharcar, nóis vai pro trampo, tô falando porque outro dia levei um maluquinho aí, e o doido entrou numas de azarar as minas, tem cara que não se liga, acha que uma patricinha daquelas vai dar trela de verdade pra um zé roela que nem nóis, essas mina não casa, faz negócio, tem umas lá que eu tô ligado, faz programa com bacana. falei pra ele, dá uma ideia, é normal. tem umas louca que até dá ideia em nóis, dá porque tá na chapação, porque quer mostrar humildade, pra dizer que não tem preconceito, mas depois já era, se te encontrar numa outra parada, nem sabe quem você é, e se lembrar, vai fazer de conta que não sabe, não quer se comprometer. mas o maluco é chapado, fica botando fé em piranha filhinha de papai, parece noia, peguei o maluquinho falando em namoro com uma loirinha de olho azul, e a vadia dando maió trela só pra consumir na faixa, e o doido acreditando nas ideia da patyzinha. falei pra ele, acorda, mano, cai na real, parceiro, essas vadias só servem pra fazer dinheiro, se for dar ideia numa piranha estudada, dá na hora que ela tiver mais doida que você, aí você pega, dá uns beijo, faz o que consegue e cai fora, se fizer menino, não se preocupa, a valeta cuida, nunca que uma mina dessa vai querer nada com você, nem comigo, olha pra nóis, parceiro, nóis é fundo do tacho, nóis é curva de rio, e presta atenção, parceiro, se os amigo dessa filha da puta pega você com um carinho mais invocado com ela, vai falar que você é jack, chama os rato pra você e ainda cola nas ideia com o delega pra foder a tua vida. acha que eu também não pago pau? porra, pago um pau da porra, saio daqui nervoso, mas sei o meu lugar, última vez que eu colei, tava nos panos, pano monstro, tudo original, uma paty, maior gata, mas drogada pra caraio, ficou se esfregando em mim, até dei uns beijo, fiquei nervosão, tava no maior veneno pra dar uma estocada, o molecote subiu na hora, ficou tinindo, monstrão, capaz de furar até parede, e eu lá beijando o pescoço da patricinha pra deixar no ponto, peguei até nos peitinho, gastei a maior grana pagando cachaça, e estirava uma, depois outra, e a patricinha querendo mais e mais, teve uma hora que eu achei que a mina ia ter um troço, uma over, sei lá, aí eu comecei mandar ideia, tentando arrastar pra algum lugar e desenrolar o que a gente já tinha começado, qualquer hotelzinho fubanga da vida, desses que, se você deitar, sai com chato, e mão aqui, mão ali, beijinho, goró, cartão batendo, canudo no nariz, aí chegou uma hora que as amiga chegaram junto e arrastaram a amiguinha noia, e o trouxa aqui teve que voltar pra quebrada no maió veneno, tava tão desesperado que tive que dar cinco conto pra uma noinha da vila fazer um babão atrás de banca de jornal encharcada de mijo perto da estação de trem, tava com tanto ódio que enchi a cara da noinha de tapa, uns tapão que deve ter quebrado uns três dente da desgraçada. às vezes tenho vontade de pegar uma patricinha filha da puta dessas e encher de bica. fico no veneno com essas escrotas. já falei, qualquer hora vou sequestrar uma infeliz dessa e descolar uma grana, papo reto, vou mesmo, só preciso tá louco, bem louco, meu, e aí já era.

e aí, parceiro, você vai colar comigo pra gente desenrolar esse trampo?

# Aramyz

nascido elizeu do carmo munhoz, decidiu assinar aramyz, já em seus primeiros escritos. em 2020 foi finalista de dois prêmios: Concurso Tâmaras de poesia e Prêmio Caio Fernando de Abreu, com o livro *estranho seria se você soubesse*. figurou em 2020 na antologia *parapeitos* (selo DoBurro), sobre a pandemia, organizada pelo escritor e seu mestre Marcelino Freire, e em 2021 no livro *negociata na penumbra*, que comemorou os 16 anos da Editora Ipê Amarelo.

Crédito da foto - Jennifer Glass

**HECATOMBE**

[EDIÇÃO]
debora ribeiro rendelli
[REVISÃO]
juliana palermo
[DIAGRAMAÇÃO]
victor h. azevedo
[PROJETO GRÁFICO E CAPA]
wladimir vaz
[COORDENAÇÃO GRÁFICA]
tiago fabris rendelli



**dados internacionais de catalogação na publicação (CIP) de acordo com ISBD**

aramyz
A661s só as hienas matam sorrindo / aramyz. - bragança paulista, sp: editora hecatombe, 2021. 114 p.; 11,5cm x 18cm. – (burguês assustado)

ISBN 978-65-87938-52-3

1. literatura brasileira. 2. conto. 3. prosa. 4. política. I. título. II. série.

CDD 869.8992301
2021-4548 CDU 821.134.3(81)-34

elaborado por odilio hilario moreira junior - CRB-8/9949

**Coleção Burguês assustado**

**A era das manadas**, José Antônio Cavalcanti

**Alimária**, Zeno Queiroz

**Amém, miséria**, Marcelo Alcaraz

**Capitão Zobope**, Catia Cernov

**Carro alegórico**, Beatriz Malcher

**Carta ao rei**, Bia Rodrigues

**Cartões de crédito para gastar no inferno – contos em ondas curtas**, Caio Junqueira Maciel

**Caspas e muriçocas**, Sara Albuquerque

**É proibido falar de amor**, Virgilio Magalde de Azevedo

**Ensaio sobre a escatologia**, Bianca Carvalho e Lais Pinheiro

**Mito verdadeiro: cantos circulares e criselefantinos**, Portella Carneiro

**Nervo**, Maria Clara Viana

**Notas de um (auto)exílio**, Danilo Cardoso

**Pílulas sobre a quarentena**, Duique

**Posso te tratar por tu?**, Delso Batista

**Só as hienas matam sorrindo**, Aramyz